Michael Geitner

Be strict

Denken wie ein Pferd

Michael Geitner

Be strict

Denken wie ein Pferd

Einbandgestaltung: Kornelia Erlewein
Titelbild: CAVALLO/www.cavallo.de

Bildnachweis:
CAVALLO/www.cavallo.de: S. 6 oben, 12, 23, 96
SORREL Gaby Kärcher, Aichhalden: S. 29, 30, 59, 71
Carola Steen: S. 10
Sabine Stuewer, Darmstadt: S. 6 unten, 28, 32, 46, 48
Kerstin Diacont: S. 3, 5, 17, 31, 34/35, 36, 38, 42, 50 li., 64, 68, 73, 74, 75, 76, 77, 80, 84, 85, 86, 87, 88, 110, 122, 134, 136, 137, 150, 154, 166, 167, Archiv Diacont: Martina Engelberg S. 44
Alle übrigen Fotos Verlag Müller Rüschlikon.

ISBN 978-3-275-01771-3

4. Auflage 2023

Sie finden uns im Internet unter www.mueller-rueschlikon-verlag.de

Gesamtleitung: Claudia König
Lektorat: Angela Saur
Texte: Kirstin Rinne, Schermbeck; Texte der Neuausgabe: Karsten Kulms, Kerken
Innengestaltung: Kerstin Diacont
Druck und Bindung: Graspo CZ, 76302 Zlin
Printed in Czech Republic

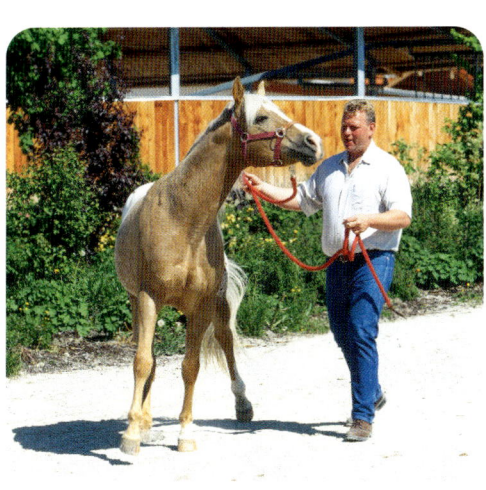

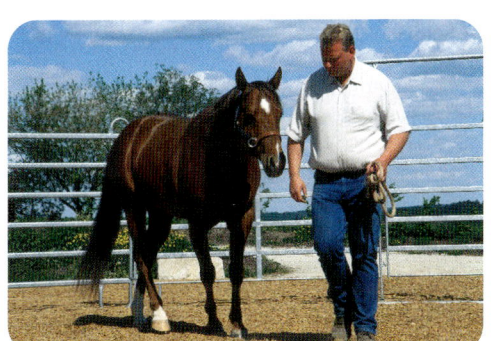

Kapitel 5
Vertiefung und
Festigung der Pferd-
Mensch-Beziehung 112

Kapitel 6
Verladetraining und
die Rangordnung
im Sattel 139

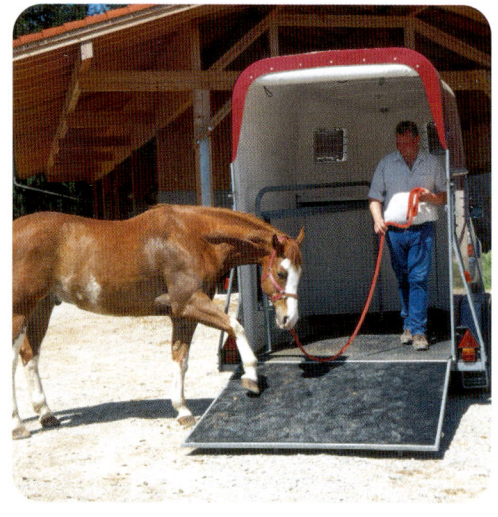

Kapitel 7
Ihr Schlüssel zum Erfolg 155

Ein Vorwort von Roger Kupfer ...

Ich stand zunächst dem Vorhaben von Michael Geitner dieses Buch zu schreiben mit Skepsis gegenüber. Nicht weil ich mit dem Thema nicht einverstanden wäre, sondern weil ich angenommen habe, das Thema »Dominanztraining« sei schon abgedroschen.

Nach dem Studium des Manuskriptes und vielen persönlichen Gesprächen mit dem Verfasser verflog diese Skepsis. Im Gegenteil: Es gibt Themen, die sollte man wieder und wieder aufgreifen. Ein solches Thema behandelt dieses Buch. Bei jedem Lesen wird es leichter, die Prinzipien zu verstehen, die der Autor Michael Geitner dem Leser mitteilen möchte.

Michael Geitner – der mit den Pferden aufwuchs, aber eigentlich von Pferden nichts wissen wollte – kam erst sehr spät zu seiner Passion, der Arbeit mit dem Pferd. Seine Mutter, die die Ranch bewirtschaftete, auf der Michael aufwuchs, war sehr erstaunt, als ihr Sohn ihr mitteilte, er habe ein Pferd gekauft. Durch Wissensdurst und seine Begierde, mit Pferden natürlich und pferdegerecht zu arbeiten, fand er den Weg, diese durch Konsequenz und Dominanz vom Boden aus richtig zu erziehen.

Dieses Buch kann allen helfen, einen einfachen Weg zwischen Trainer und Pferd zu finden, um zu erreichen, dass trotz vieler unsachgemäßer Einwirkungen unser Freund und Partner – das Pferd – nicht auf der Strecke bleibt.

Ich hoffe, dass dieses Buch zum besseren Verständnis zwischen Kreatur und Mensch beiträgt.

... und eins von Michael Geitner

Vor zehn Jahren kam das Buch »Be Strict!« auf den Markt. »Be Strict! – Denken wie ein Pferd« bietet heute wie damals die Grundlage, um mit Pferden zusammenzuarbeiten. Natürlich hat sich seit dieser Zeit vieles verändert: Mein Tätigkeitsfeld erweiterte sich um die Bereiche der Dual-Aktivierung, der Positionsarbeit mit Mensch und Pferd, der Arbeit mit jugendlichen Straftätern und auch der Teambildung in Firmen, dem sogenannten »Manager-Training«. Doch die Grundregeln von »Be Strict!« haben in meiner Arbeit nach wie vor ein großes Gewicht.

Mit der Zeit habe ich meine Einstellung ein wenig verändert. Nehmen wir z.B. das Kommando »Pass auf!«. Dieses Kommando bedeutet nichts anderes als: Wenn Du beginnst, Dein Pferd wahrzunehmen, wird es auch Dich wahrnehmen. Ich bin mit meiner Forderung »Pass auf!« ruhiger geworden, kann heute durchaus auch mal sagen: »Komm, lassen wir das für heute und sprechen morgen noch mal drüber.« Aber ich bleibe meinem Weg treu, bleibe eben konsequent.

Ich könnte ein extra Buch schreiben, um aufzuführen, wem ich alles zu danken habe, unzähligen Menschen und Pferden und natürlich der Familie und und und. An alle, die dieses Buch lesen, sei ein Dank gerichtet und auch an alle, die mir geholfen haben, immer weiter zu lernen.

Bitte vergessen wir in unserer Arbeit mit Pferden eine Sache nie: Sie, die Pferde geben ihr Leben für unsere Freude und unseren Profit. Seit Jahr-

hunderten sind sie an unserer Seite, auf dem Feld, im Krieg, in unserer Freizeit. Unsere Aufmerksamkeit und Wahrnehmung für unseren Partner Pferd, die Konsequenz unseres Handeln, die Fairness und Zuneigung sind der Lohn für unsere vierbeinigen Freunde.

In diesem Sinne alles Gute

Ihr
Michael Geitner

Der Weg zu »Be strict!«

Kapitel 1

Wie alles begann

Schon jetzt kann ich mir das Stirnrunzeln einiger Leser vorstellen, die an dieser Stelle sagen werden: »Um Gottes Willen! Schon wieder so ein Pferde-mensch, der in der Steinzeit anfängt, ehe er zur Sache kommt!«

Sie werden diese Einführung vielleicht sogar über-springen wollen, da Sie sich für meine Lebensge-schichte im Detail gar nicht interessieren. Ich möch-te Ihnen an dieser Stelle gerne vermitteln, dass ich dieselben Probleme habe wie jeder andere auch. Ich habe im Umgang mit Pferden alle erdenklichen Höhen und Tiefen durchlaufen, war oft verzweifelt und hatte keine Lösungen parat.

Dennoch habe ich es geschafft, nach einer mitunter schwierigen Zeit einen einfachen und für alle nach-vollziehbaren Weg im Umgang mit Pferden zu fin-den, um mit diesen wunderbaren Lebewesen er-folgreicher kommunizieren zu können.

Unabhängig davon, ob Sie Western-, Dressur-, Spring- oder Freizeitreiter sind, und unabhängig davon, ob Sie ein eigenes Pferd besitzen oder auf einem Schulpferd reiten: Auch Sie können Ihre Pferd-Mensch-Beziehung grundlegend verbessern und dadurch erfolgreicher mit Pferden arbeiten!

Die einzige Voraussetzung, die Sie hierfür benöti-gen, ist die ehrliche Bereitschaft, eigenständig zu denken und zu handeln. Ich bin kein »Guru« oder »Lehrmeister« – ehrlich gesagt weiß ich gar nicht, als was ich mich bezeichnen soll. Letztendlich wer-den die Pferde, mit denen Sie arbeiten, sowieso Ihre besten Lehrer sein.

Ich gebe Ihnen mit diesem Buch das Basiswissen im Umgang mit Pferden an die Hand, durch das das Training und das Zusammensein mit Ihrem Pferd wesentlich problemloser wird.

Meine Methode, die ich »Be strict!« nenne, hat nichts mit Zauberei zu tun. »Be strict!« ist frei von Mystik und Geheimnissen. »Be strict!« ist Konse-quenz, gepaart mit Güte – letztlich eine Art im Um-gang mit Pferden, die sich jeder aneignen und die bei jedem zum Erfolg führen kann. Mein Ziel ist es, dass Sie sich sagen: Wenn »der Geitner« mit »Be strict!« Erfolg hat, dann kann mir das auch gelin-gen!

Ein paar Sätze zu meiner Person

Meine Geschichte beginnt in Bayern, Mitte bis Ende der sechziger Jahre; also in einer Zeit, in der unser Freizeitpartner Pferd in Deutschland noch nicht den Stellenwert hatte wie heute. Oft waren Pferde eher in »elitäreren« Kreisen reine Partner im Sport.

Damals hatte man sich bei weitem nicht so viele Gedanken über Pferde und deren Ausbildung ge-macht, wie es heute üblich ist. Es gab keine Osteo-pathen, keine Pferdepsychologen und auch die so genannten »Pferdeflüsterer« fehlten.

Was das Pferd anbelangte, so unterteilte man es meist in zwei Kategorien: Entweder war es ein gutes Pferd – oder ein schlechtes Pferd; so einfach war das! Es wurde wesentlich weniger diskutiert oder ausprobiert und schon gar nicht »geflüstert«. Aus wirtschaftlichen Aspekten war es vielen ver-wehrt, Pferde »nur so zum Spaß« zu halten, ge-schweige denn, Reiten zu lernen. 1968 beschloss mein Vater, diesen Zustand zu beenden, indem er »Reiten für jedermann« anbot. Er pachtete einen kleinen Bauernhof, kaufte zwei Pferde und gründete eine Farm, die er »Rancho Alegre« nannte. In seiner Begeisterung motivierte mein Vater auch andere Familienmitglieder, sodass sich zudem meine Tante zusammen mit meiner Oma ein Pferd kaufte und sich mein Opa kurz darauf ebenfalls ein Pferd zulegte. Die Pferde wurden der Ranch zur Verfügung gestellt und der Reitbetrieb konnte aufgenommen werden.

Wie ich bereits erwähnt hatte, machte man sich wenig (wenn nicht sogar gar keine) Gedanken über Pferde und deren Ausbildung. Die Ausbildung der Reiter bildete da oft keine Ausnahme. Die mehr oder weniger talentierten Reitanfänger wurden unter der Obhut unserer sattelfesten »Vorreiter« aufs Pferd gehievt und danach in deren Begleitung zum zweistündigen Ausritt in das umliegende Gelände geschickt. Wenn sie zurückkehrten, hatten sie oft wund gerittene Hinterteile und konnten kaum noch sitzen. Aber sie waren stolz, sie waren glücklich und sie alle trugen diesen »Cowboy« in sich, der waghalsig war, der das Abenteuer liebte und die Mädels beeindrucken wollte. Es war eine verrückte Zeit und mir werden heute noch viele lustige Geschichten erzählt.

Auch zur damaligen Zeit gab es sicher genügend Pferde, die Probleme machten. Man »korrigierte« sie, indem man sie Tag für Tag mehrere Stunden im

Pferde waren mir in meiner Kindheit egal. Mein Haflinger Mira hat in mir den »Pferdevirus« ausgelöst.

Gelände marschieren ließ. So lange, bis sie sich ausgepowert hatten und daraufhin ihre Faxen unterließen.

Die Ranch meiner Eltern war in unserer Umgebung in dieser Form einzigartig. So ist es auch zu erklären, dass sie schon nach kurzer Zeit einen enormen Zulauf hatte. Sogar noch heute bekannte Größen aus der Film- und Fernsehbranche wie Michael Vogler, der bei den Karl-May-Filmen mitwirkte und auch Werner Faßbinder und Hark Bohm, die beiden deutschen Regisseure, wurden Gäste der »Rancho Alegre«. Früher oder später lief es sogar darauf hinaus, dass meine Eltern den Filmleuten Pferde zur Verfügung stellten. U. a. wurden die Filme »Tetschan der Indianerjunge«, »Der plötzliche Reichtum der armen Leute von Krombach« sowie die Feierabendserie »Stadt ohne Sheriff«, bei der auch mein Vater mitspielte, mit unseren Pferden gedreht. Die Dreharbeiten zu »Tetschan der Indianerjunge« liefen teilweise sogar auf unserer Ranch.

Mit dem wachsenden Erfolg wurde die Ranch bald zu klein und wir beschlossen umzuziehen. Meine Eltern pachteten einen größeren Bauernhof und gründeten unter dem Einsatz all ihrer Kräfte eine Farm mit 40 Pferden.

Es war ein harter Schlag und schwerer Verlust für uns alle, als mein Vater 1973 bei einem Autounfall ums Leben kam. Damals war ich acht Jahre alt.

Für meine Mutter begann eine schwierige Zeit. Sie hatte mich zu versorgen, die Ranch zu betreiben und sich mit all den großen und kleinen Problemen auseinanderzusetzen. Sie legte ungeheure Kraft und Stärke an den Tag und das Einzige, was es für sie gab, war: arbeiten!

Unseren Lebensunterhalt verdiente sie überwiegend durch den Gastronomiebetrieb. Noch heute erzählt meine Mutter, es sei ihr größter Wunsch gewesen, einmal die Leute aussuchen zu dürfen, die auf unseren Pferden ritten. Die meisten Gäste wollten bei uns einen schönen Tag verbringen, für zwei Stunden den »Cowboy« spielen und sich anschließend an der Bar den Whisky oder das Bier durch die Kehle rinnen lassen. Unsere Besucher dachten zuerst an ihren Spaß und nicht die Pferde.

Trotz dieser Umstände hat meine Mutter sich immer wahnsinnig um mich bemüht; darüber hinaus war auch meine Oma immer für mich da. Ich kann aus tiefster Überzeugung sagen, dass ich eine schöne Kindheit hatte – wenn da nur nicht die Pferde gewesen wären ...

Kein Interesse an Pferden

Die Prägung, die ich in jener Zeit erhalten habe – und das ist wohl das Ungewöhnliche an meiner Geschichte – war, um es auf einen Nenner zu bringen: »Anti-Pferd«. »Anti-Pferd« aus der Sicht eines Jungen, dessen Fazit hieß:

Durch die Pferde hat meine Mutter kaum Zeit für mich und zu allem Überfluss bedeuten Pferde auch noch Arbeit – unbequeme, verpflichtende und lästige Arbeit.

Schon damals wurde mir zwar nachgesagt, ich hätte Talent mit Pferden umzugehen, Pferde bedeuteten für mich aber eigentlich nur Anstrengung. Sie waren nichts weiter als ein mehr oder weniger notwendiges Übel. Mein Interesse lag sonst wo, nur nicht im Pferdestall. Ehrlich gesagt war es mir fast schon zu viel, eine Koppelstange anzuheben. Mit der Zeit entwickelte ich ein nahezu sensationelles Gespür dafür, wenn man mich für solche Arbeiten verpflichten wollte. Noch ehe die Leute den Mund

Kapitel 1

aufmachten, um ihre Bitte zu formulieren, war ich auch schon über alle Berge und ward erst Stunden später wieder gesehen.

Manch einer kann mein damaliges Verhalten nicht verstehen. Immer wieder bekomme ich zu hören: »Aber es muss doch toll gewesen sein, mit Pferden aufzuwachsen, jeden Tag reiten zu dürfen und sich mit diesen herrlichen Tieren zu befassen ...«

Aber ich sage Ihnen: Es ist alles andere als toll, wenn man etwas tun muss. Da geht die viel gerühmte Lagerfeuerromantik, die man aus alten Western kennt, ganz flott verloren und das »größte Glück dieser Erde« liegt sonst wo – aber bestimmt nicht auf dem Rücken der Pferde!

Stellen Sie sich vor, Sie müssen reiten; ich tat es ja nicht aus eigener Motivation, es war meine Pflicht. Manche Kinder werden verpflichtet, den Abwasch zu erledigen, den Müll rauszubringen oder einkaufen zu gehen. Ich wurde zum Reiten verpflichtet und hatte daran keinen Spaß. Es gibt noch ein paar Episoden aus jener Zeit, über die ich heute herzlich lachen kann, die ich damals jedoch einfach nur fürchterlich fand.

Ich erinnere mich z. B. noch gut an die Geschichte mit Susi: Susi war ein kleines Scheckpony mit einem Stockmaß von ungefähr 1,45 m. Viel größer werde ich wohl auch nicht gewesen sein. Ich war mit Susi und einem Reitanfänger auf unserer Galoppstrecke »Grand National« unterwegs und ich erklärte ihm, wie er zu sitzen hatte, als sich plötzlich dieses Loch vor uns auftat. Susi trat hinein, überschlug sich mit mir, sodass meine Gummistiefel im Wald landeten und ich im hohen Bogen durch die Luft flog. Niemand konnte mich davon überzeugen, wieder auf dieses Pony zu steigen. Das Thema Susi hatte sich für mich erledigt.

Meine Mutter, die ebenfalls dabei war, musste zurückreiten und meinen Vater informieren, damit er mich mit dem Auto abholen konnte. In jener Zeit, noch ohne Handys, war das eine ganz schöne Prozedur.

Ein paar Jahre später wurde ich als Vorreiter mit einer Gruppe losgeschickt und wir verritten uns im Wald. Ich verlor völlig die Orientierung und so wurde aus dem ehemals geplanten »gemütlichen« Ausritt eine fast dreistündige Tortur mit Angstattacken und Schweißausbrüchen.

Reiten und Pferde waren der Horror für mich!

Der schönste Tag in meinem Leben war der, als wir 1976 schließlich die Ranch verlassen mussten, weil unser Pachtvertrag auslief.

Meine Mutter versuchte für uns eine neue Existenz mit den Pferden aufzubauen, entschied sich dann aber doch für einen »konventionelleren« Beruf mit geregelten Arbeitszeiten und geregeltem Einkommen. Die Pferde wurden verkauft und das Thema »Pferd« war für Familie Geitner erst einmal erledigt.

Und wieder Pferde ...

Bis zum Jahre 1994 hatte ich eine totale »Pferde-Sendepause«. Die einzigen Accessoires, die mich an jene Zeit erinnerten, waren ein Mexikaner-Sattel, einige Lederchaps und sonstiges Zubehör wie Halfter, Stricke und Zügel.

In der Zwischenzeit war mein Leben »klassisch« verlaufen. Ich hatte meine Frau Sabine kennen gelernt und geheiratet und unsere beiden Kinder Michi und Nicole kamen zur Welt. Anfang des Jahres 1994 wagte ich dann den Schritt, mich in der Werbetechnikbranche selbstständig zu machen. Im März oder April des gleichen Jahres traf mich fast der Schlag, als meine Frau zu mir sagte: »Mike, ich möchte so gerne reiten ...«

Artgerechte Haltung erleichtert oft das Training.

Niemand kann sich vorstellen, was dieser winzige Satz in mir auslöste. Alle Alarmglocken schrillten … »Nein«, dachte ich, … nicht schon wieder! Reiten … Pferde …

Die Erinnerungen aus meiner Kindheit holten mich ein und ich rang nach Fassung, holte tief Luft und sagte: »Ach, lassen wir das doch mit den Pferden …« Sie wissen ja, wie das ist, wenn Frauen etwas wollen, dann sind sie durch nichts und niemanden davon abzuhalten. Immer wieder kam das Thema aufs Reiten und die Pferde zu sprechen und immer wieder versuchte ich ihr diese »Schnapsidee« auszureden. Aber es half alles nichts: Sabine wollte reiten und am liebsten ein eigenes Pferd!

Die Freundin eines Mitarbeiters meiner Firma hatte eine Reitbeteiligung an einem Warmblut-Pferd. Einmal waren wir mit den beiden zum Essen verabre-

det, als das Thema wieder auf die Reiterei kam. Wir schauten uns gemeinsam das Pferd an und Sabine und ich ritten sogar darauf. Das reichte aus, um die Begeisterung meiner Frau noch einmal um das Zehnfache zu steigern. Ganz ehrlich: So übel fand ich das Gefühl, wieder auf einem Pferd zu sitzen, auch nicht. Pferde sind nun mal wunderschöne Tiere.

Sabine entschied, Unterricht im Westernreiten zu nehmen, und wir bekamen Kontakt zu einem früheren Mitarbeiter der Ranch meiner Eltern, der mittlerweile als Western-Trainer tätig ist. Leider besaß er keine eigenen Schulpferde und konnte uns auch keinen Hof in der Nähe nennen, auf dem Westernreitunterricht mit Schulpferden angeboten wurde. Er setzte uns den Floh ins Ohr, ein eigenes Pferd zu kaufen. Er nannte uns einen Westernreitstall, in

Kapitel 1

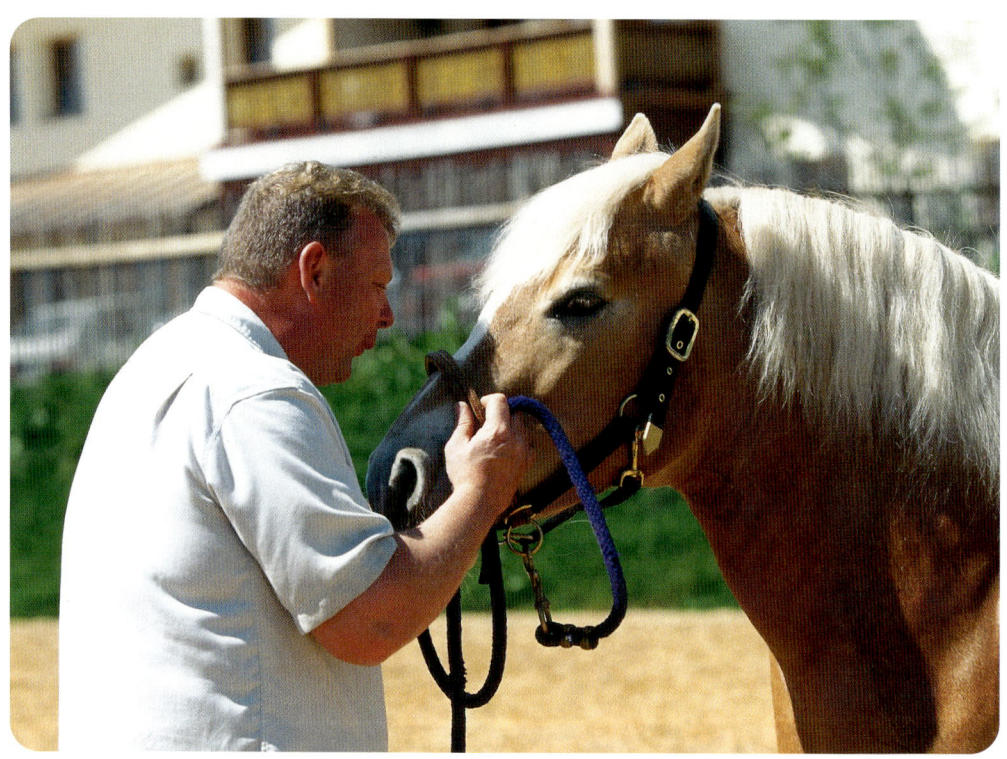

Zwischen Mira und mir ist die Rangfolge geklärt. Auf mein Kommando »Pass auf!« reagiert sie sofort und wartet auf die Dinge, die da kommen ...

dem viele Gleichgesinnte zusammenkamen, die außerdem auch noch alle sehr sympathisch waren. Wir fühlten uns gleich wohl und beschlossen: »Okay, wir kaufen ein Pferd!«

Ich gebe zu, dass ich mir die Sache so vorstellte, dass Sabine künftig viel beim Reiten sein würde und ich mich in aller Ruhe um die Firma kümmern könnte. Alle wären somit glücklich – ich ahnte nicht, wie sich das Ganze entwickeln sollte.

Der Trainer empfahl uns, einen Haflinger zu kaufen, da sie in der Anschaffung nicht so teuer sind und sich recht gut zum Westernreiten im Freizeitbereich eignen. Er selbst hatte zu der Zeit einige Haflinger im Training und so dauerte es nicht lange, bis wir Mira kauften, eine damals 4-jährige Haflingerstute. Zwei Tage ließen wir Mira zur Eingewöhnung in Ruhe, am dritten Tag sagte ich zu meiner Frau: »Hol doch mal die Mira raus.« Meine Frau wich entsetzt zurück und erwiderte: »Ich?! – Nein! Ich fasse dieses Pferd nicht an.« Es zeigte sich, dass Sabine mit der Situation überfordert war und Angst hatte. Es wurde mir bald klar, dass ich das Pferd wohl nun für mich gekauft hatte. Ich zog los und kaufte mir ein Buch über Bodenarbeit, las mich in die Thematik ein und begann mit dem Haflinger zu arbeiten. Unsere Mira erwies sich als äußerst gelehrig und das Training mit der Stute begann mir richtig Spaß zu machen. Innerhalb kürzester Zeit machte mich Mira zum Pferdeliebhaber; ich war geradezu fanatisch. Es ging so weit, dass ich jede freie Minute bei meiner Mira verbrachte und sogar den Außendienst in der Firma nutzte, um mal eben schnell nach ihr zu schauen.

Ich fühlte mich zu diesem Zeitpunkt noch nicht in der Lage, ein junges Pferd unter dem Sattel allein auszubilden und brachte Mira zu einem Profi-Trainer. Wie sich später herausstellte, waren dessen Trainingsmethoden jedoch Gift für das Pferd. Offenbar hatte Mira, wann immer etwas nicht nach den Vorstellungen des Trainers lief, starken Druck erfahren. Als der Trainer mit dem Pferd nicht mehr weiterkam, bestellte er uns zu sich und meinte, dass wir nun ein »gut reitbares« Pferd besäßen. Gott sei Dank saß in jenem spannenden Augenblick des ersten Aufsitzens eine sehr gute Reiterin auf Mira. Trotzdem gelang es unserem »gut« reitbaren Pferd, diese Reiterin binnen 30 Sekunden im hohen Bogen abzuwerfen. Wut baute sich in mir auf. Ich konnte nicht begreifen, dass ein Mensch, dem ich mein Pferd anvertraut hatte, nicht die Aufrichtigkeit besaß, mir zu sagen, dass er an dieser Stelle mit der Stute nicht weiterkam.

Wenn heute jemand mit einem Problempferd zu mir kommt, dann gehe ich davon aus, dass dieser Mensch mir vertraut. Und ich betrachte es nicht nur als meine Aufgabe, sondern als meine Pflicht, das Bestmögliche daraus zu machen, um dieses Vertrauen nicht zu missbrauchen.

Nun stand ich also da mit der völlig verängstigten Mira und ich schwor mir: »Ich lasse niemanden mehr an dieses Pferd. Ab heute verlasse ich mich nicht mehr auf andere. Ab sofort mache ich es selbst!«

Es war eine gute Entscheidung, Mira aus diesem Ausbildungsstall zu holen. Wer weiß, wann und ob ich überhaupt je den Denkanstoß bekommen hätte, um selber zu handeln, selber Fehler zu machen und selber positive Erfahrungen mit Pferden zu machen und letztlich mit ihnen erfolgreich umgehen zu können.

Mein eigener Weg

Auf der Suche nach dem Schlüssel zur erfolgreichen Partnerschaft

Da stand ich nun mit Mira und meinem Entschluss, die Sache selbst in die Hand zu nehmen. Ich probierte vieles aus, machte jede Menge Fehler und freute mich über die kleinsten Erfolgserlebnisse.

Schließlich kam der Tag, an dem ich mit Mira einen Reining-Kurs bei dem Western-Trainer Roger Kupfer besuchte. Ich übertreibe wirklich nicht, wenn ich sage: Es war nicht nur ein Reinfall, es war eine Katastrophe! Denn Mira, dieser kleine, sehr schlaue Haflinger, hatte mich an jenem Tag in dieser Halle geradezu an die »Wand genagelt« und zeigte mir: »Geitner, du kannst mich mal ...! So wirst du mit mir nicht umgehen. So nicht!«

> ### Mein Fazit für Sie:
>
> **Handeln Sie selbst! Denn am Ende müssen Sie mit Ihrem Pferd zurechtkommen.**
> **Lassen Sie Ihre Fehler zu, denn aus Fehlern lernen Sie. Aber: Denken Sie nach!**

Kapitel 1

Und dann passierte etwas, das Sie vielleicht alle kennen: In dem Moment, in dem das Wissen aufhört, beginnt die Gewalt ... Ich stand da, wurde ungeheuer wütend und rastete regelrecht aus, weil nichts klappen wollte. Ich wusste, dass man mich beobachtete, und ich spürte nur Wut und Hilflosigkeit, weil ich einfach nicht weiterkam. Nach diesem Tag wurde mir bewusst:

Gewalt hat im Umgang und bei der Arbeit mit Pferden keinen Platz!

Eine solide Ausbildung, Vertrauen zum Ausbilder, Geduld, Zeit und Ruhe sind die wesentlichen Elemente, die einen weiterbringen.

Freundschaften

Durch einen glücklichen Zufall lernte ich 1995 Robert Greska kennen, der heute mein bester Freund und mein Partner auf der »Rancho Alegre« ist, der meine Arbeit mit geprägt hat und heute noch mit prägt.

Er tauchte vor Jahren in meiner Firma auf und wollte eine Beschriftung für seinen Pferdehänger haben.

Wir kamen ins Gespräch und waren uns gleich sympathisch. Wenn wir uns trafen, erzählte er von seinen Quarter Horses und all den Turnieren, auf denen er gestartet ist. Je häufiger wir uns unterhielten, desto besser verstanden wir uns. Er nahm mich mit zu einem Trainingswochenende und fragte mich irgendwann, ob wir nicht zusammen einen Stall pachten sollten.

Kurze Zeit später nahm die Idee konkrete Formen an und wir pachteten für 700 DM im Monat einen alten Kuhstall in Assling. In den Stall konnten wir aber noch lange keine Pferde einstellen, da er sehr renovierungsbedürftig war. Wir schleppten, schau-

felten und schufteten und bauten Unterstände für Weiden und Paddocks, bis dann ein Pferdestall mit neun Boxen entstand.

Das Motto, was dahinter steckte, war: Idee, Planung und Durchführung. Das Motto hielt uns auf Trab und das Projekt wurde zügig durchgezogen. Wir nannten die Ranch »Rancho Alegre«. Die Platzbedingungen waren nicht ganz ideal – wir besaßen keinen ordentlichen Reitplatz. Allen Unkenrufen zum Trotz begann die Ranch sich zu entwickeln und ich versuchte mich ein wenig in der Turnierszene zu orientieren. Ich arbeitete weiter mit Mira und für mich gab es nach der verkorksten Trainingsgeschichte nach wie vor nur ein Motto und das hieß:

»Do it yourself!« – Mache es selbst!
Entwickle den Ehrgeiz, probier aus, achte auf dein Pferd und denke nach!

Langsam wurde es ernst

Auf den meisten Turnieren erzielte ich anfangs eher mäßige Ergebnisse, doch das war es nicht, was für mich zählte. Im Vordergrund stand einzig und allein das Motto, die Sache selbst in die Hand zu nehmen. Im Zuge dessen konnte ich schließlich Mitte 1997 auf einen ordentlichen Turniererfolg zurückblicken Bei einem Reining-Turnier in Freystadt konnte ich mich in der Amateurklasse mit meinem Haflinger im Mittelfeld behaupten. Noch beachtlicher war die Leistung, wenn man bedenkt, dass dort kaum Pferde unter 50.000 DM und darüber hinaus auch kaum Pferde unter 400 Kilo zu finden waren. Beides kann ich von Mira und mir nicht sagen ...

Verstärkt wurde meine Einstellung »selber machen« dadurch, dass es mich geradezu kränkte, wenn andere Leute mit meinem Pferd Erfolg hat-

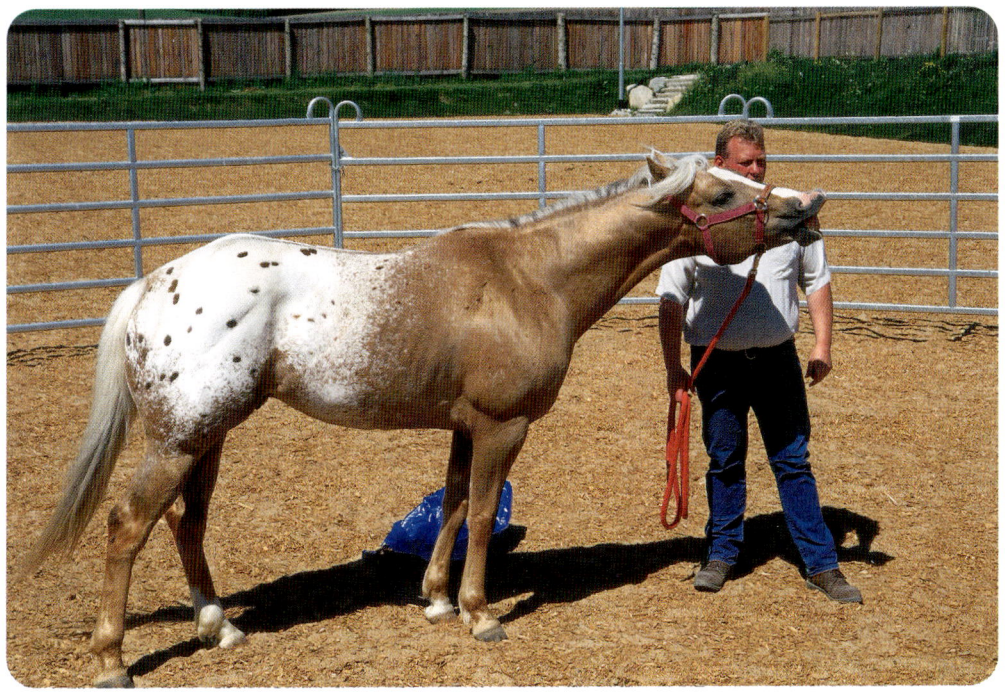

POA's haben es uns angetan. Charakteristisch für diese Ponyrasse ist ihre getigerte Fellfarbe.

ten. Anstatt aus Ehrfurcht vor den Profis fast im Erdboden zu versinken, lief ich Furchen in den Hallenboden, beobachtete die Reiter und fragte nach. Ich zermarterte mir das Hirn, grübelte, ging Irrwege und Umwege, drehte mich im Kreis und wusste oft nicht mehr weiter.

Ende 1996 erschien in der Fachzeitschrift für aktives Reiten CAVALLO ein Artikel über die Pferderasse POA (Pony of the Americas). Diese Rasse besteht seit 1954 in den USA und entstand durch eine Kreuzung aus Appaloosa und Shetty. Als ich las, dass diese hübschen Ponys mit der extravaganten Fellfärbung sich besonders für Kinder und leichte Erwachsene eignen, beschloss ich, Kontakt zu dem Züchter Gene Carr in Süd-Dakota aufzunehmen. Carr besitzt dort die größte POA-Zucht des Kontinents.

Ich dachte, dass diese kleinen, gutmütigen Westernpferde bestens geeignet seien, um in Deutschland zu ähnlicher Beliebtheit zu gelangen wie in den USA. Außerdem hoffte ich, dass es meiner Frau mit Hilfe dieser Rasse gelingen würde, ihre Angst vor den Pferden zu verlieren.

Letztendlich war es also wieder meine Frau Sabine, die die Weichen für die Zukunft stellte. Im Mai 1997 importierten wir als einer der Ersten eine POA-Stute, die den Namen Bounci trägt.

Genau zum richtigen Zeitpunkt bekam ich von meiner Mutter das erste Buch des bekannten amerikanischen Pferdetrainers Monty Roberts geschenkt. Das war Anfang 1998. Dieses Buch, dieser Mensch und die Methode des Join-Up faszinierten mich. Binnen kürzester Zeit baute ich einen Round Pen und versuchte, das Join-Up bei meinen eigenen

Kapitel 1

Pferden anzuwenden. Die schwierige Quarter-Horse-Dame Beau Shady Sue war mein erstes »Opfer«. Ich arbeitete mit ihr nach der Join-Up-Methode und glaubte, den Schlüssel für eine erfolgreiche Pferdeausbildung bereits gefunden zu haben, denn die Erfolge, die ich mit Join-Up erzielte, waren enorm! Ich staunte nicht schlecht, als ich hörte, dass die Cowboys in der Nähe der Carr-Ranch noch nie etwas von dieser Methode gehört hatten, obwohl sie doch räumlich gesehen viel näher bei dem kalifornischen Pferdetrainer waren, als ich in dem bayrischen Kirchseeon. Weder Carr noch seine Ranchmitarbeiter hatten etwas von Monty Roberts und Join-Up gehört!

So kam es, dass Carr mich in Dakota um eine Vorführung bat, bei der ich das Join-Up an einem Jungpferd im Round Pen demonstrieren sollte. Für mich war das nichts Ungewöhnliches, weil ich ja schon seit geraumer Zeit erfolgreich mit der Methode arbeitete. Allerdings muss ich noch erwähnen, dass sich meine Join-Up-Methode bereits deutlich von der Lehre des Monty Roberts unterschied. »Wenig Druck auf das Pferd ausüben« lautete meine Devise dabei.

Ungefähr zu der Zeit, als der Film »Der Pferdeflüsterer« in München in die Kinos kam, klingelte bei mir das Telefon und ein netter Herr am anderen Ende der Leitung sagte zu mir: »Guten Tag, Herr Geitner. Ich bin von der ›AZ München‹ und suche einen Interview-Partner zum Thema ›Pferdeflüstern‹.« Ich war darüber sehr überrascht.

Die Leute von der Presse, die kurz darauf für ein Interview bei uns eintrafen, waren freundlich, aber relativ unwissend, was Pferde anbelangte – nach zwei Stunden war der »Spuk« wieder vorbei. Drei Tage später – passend zum Start des Filmes – erschien ein einseitiger Artikel in der »AZ« mit der klangvollen Überschrift: »Mit Poesie statt Peitsche«.

Danach war die Hölle los bei uns auf dem Hof: Radio- und Fernsehleute ... alle stürmten auf mich los, wollten ein Interview mit mir und taten sehr dringend. »Bitte, Herr Geitner; wir müssen sofort, wir müssen unbedingt, wir wollen nur mit Ihnen ...!« Wow! Ich wusste nicht mehr, wo mir der Kopf stand.

Ein großer Fernsehsender kam auf mich zu, um einen Bericht mit mir zu starten mit dem »Highlight«, Monty Roberts in Kalifornien zu besuchen. Vier Tage lang wurde ich mit der Kamera begleitet, als mir die Sache irgendwie entglitt und sich verselbstständigte: In all dem Trubel gewann ich plötzlich den Eindruck, dass die Menschen, die mit mir arbeiteten, in den Hintergrund gedrängt wurden. Ich wollte nicht, dass Robert Greska und meine Frau mit einer Schubkarre bewaffnet über den Bildschirm liefen, während ich meine Interviews gab. Die Sache erledigte sich von selbst, da das Film-Team den Dreh abblies. Das Ganze ereignete sich im August 1999. Ende desselben Jahres erhielt ich über die CAVALLO-Redaktion eine Einladung von Monty Roberts. Es hieß, er wolle mich in Bremen, wo er gerade sein Dually-Halfter präsentierte, kennen lernen. Ich freute mich sehr über diesen Kontakt.

Bei jenem Treffen mit Monty Roberts wurde mir klar, dass dieser gar nicht so sanft mit den Pferden umging, wie ich mir das vorgestellt hatte. Zuerst war ich verunsichert, aber später erkannte ich, dass ein sanfter Umgang mit dem Pferd weitaus mehr beinhalten muss. Es muss ein Umgang sein, in dem das Pferd zwar sanft, aber mit der nötigen Konsequenz und Bestimmtheit behandelt wird.

Nach dem Treffen mit Monty Roberts machte ich mir sehr viele Gedanken zur Ausbildung von Pfer-

Mit Monty Roberts war es mir möglich, über Feinheiten der Ausbildung zu sprechen.

Kapitel 1

den und hinterfragte alles, was ich bisher so im Umgang und in der Zusammenarbeit mit Pferden gelesen und beobachtet hatte. Ich frage mich z. B. warum Robert so streng zu seinem Hengst war. Für mich war sein Verhalten »zu viel«. Er wies das Tier konsequent in seine Schranken und forderte ständig seine Aufmerksamkeit, wenn er mit ihm arbeitete. Er ließ ihm absolut nichts durchgehen! Ich beobachtete dann denselben Hengst, wie er geschlagene zwei Stunden lang im Offenstall neben Robert stand und ihn mit der Nase anstupste, als dieser in einer Hängematte lag und schlief.

Da machte es bei mir »Klick« und ich wusste: Pferde wollen gar nicht »betüddelt« werden! Pferde fühlen sich zu konsequenten, »strikten« Menschen hingezogen, die ihnen Sicherheit geben! Ich beschloss, nun mein eigenes »Programm« im Umgang mit Pferden zu entwickeln, das ich seither »Be strict!« nenne.

> **Mein Fazit für Sie:**
>
> **Werfen Sie die überzogene (Tiere »vermenschlichende«) Sanftheit über Bord. Werden Sie konsequent!**

Rechercharbeit

Nach der schon bekannten Devise »selber machen«, führte ich weitere Fachgespräche, um das für mich Schlüssigste daraus zu speichern. Die Vorstellung, mit einer Mischung aus Konsequenz und Vertrauen zu arbeiten, war ganz okay, aber es war noch nichts ausformuliert; der Sache fehlte der Schliff. Nach der Auswertung dieses neu gewonnenen Erfahrungsschatzes dachte ich: »Verflixt noch

> **Mein Fazit für Sie:**
>
> **Einem einfachen Wesen müssen wir einfaches beibringen!**

mal! Pferde sind so einfach strukturiert; dann kann es auch nur einen einfachen Weg geben, um alle Probleme, die im Umgang und in der Arbeit mit Pferden auftreten, zu lösen!«

Sie müssen sich vorstellen, dass Pferde – wenn man das überhaupt sagen kann – in etwa die Intelligenz eines zwei- bis dreijährigen Kindes haben. Was können wir von einem Kind in diesem Alter erwarten?

Über das erneute Treffen mit Monty Roberts in Bremen erschien dann ein Artikel in der CAVALLO. Sie können sich nicht vorstellen, was danach bei uns los war! Mich erreichten sehr viele Briefe und Anrufe von Leuten, die mich um Rat fragten. Ich hatte es anfangs schon erwähnt: Wenn mir jemand sein Pferd anvertraut, dann ist es meine Pflicht, das Bestmögliche mit ihm zu erreichen.

Und plötzlich waren es Hunderte, die Hilfe von mir erwarteten. Ich konnte das nicht bewältigen! Wochenlang verbrachte ich damit, mir Gedanken über all diese »Problempferde« zu machen. Ich telefonierte bis spät in die Nacht hinein und konnte abends nicht einschlafen, weil mich die Schwierigkeiten dieser Menschen mit ihren Pferden so aufwühlten. Ich wollte natürlich gerne allen helfen. Allein schon diese Geschichte brachte mich ziemlich aus dem Gleichgewicht. Aber das sollte längst nicht alles gewesen sein. In den Weihnachtsferien besuchten uns rund hundert Leute, die »Join-Up-Demonstrationen« sehen wollten. So kam es, dass ich aus meinem Quarter ein »Join-Up-Problem«

machte. Ich hatte ihn erst mit Join-Up korrigiert und dann durch die täglichen Vorführungen im Round Pen sozusagen »überjoint«.

Zum ersten Mal wurde mir klar, dass Join-Up, der bis dahin wichtigste Teil meiner Arbeit mit Pferden, zum Problem werden könnte. Danach gab ich noch zwei Kurse, in denen ich auch auf diese Problematik hinwies, und das Ende war mein völliger »Knock-out«.

Mir war das alles zu viel. Ich wollte nichts mehr mit »Join-Up«, mit »Pferdeflüstern« und all diesen Dingen zu tun haben. Ich wollte etwas Abstand von diesem ganzen »Pferde-Zirkus«.

Meine Erfahrungen mit dem Hengst Champ

In diesem Zeitraum starb unser Hengst Silver Twist an den Folgen einer Augenentzündung und wir holten Santee Champ aus Amerika – ein Deckhengst, von dem es hieß, er hätte diese »much more energy«. Im Klartext: Er war ein echtes »Power-Pferd«! Ein traumhafter Palomino-Blanket-Hengst, auch ein POA mit Appaloosa-Färbung. Dieses wundervolle Tier, das ich nur vom Videoband her kannte, hatte es mir angetan. Auf diesem Video hatte Champi, wie ich ihn nenne, seinem Ruf, ein »Power-Pferd« zu sein, alle Ehre gemacht. Er tobte auf der Koppel herum, hatte wohl schon diverse Zäune durchbrochen und verjagte regelmäßig alle Pferde, die ihm im Wege standen. Er machte absolut den Eindruck eines wilden und unerzogenen Hengstes.

»Power-Champ« kam nach einer anstrengenden Flugreise zu uns und musste erst einmal mit einer Beruhigungsspritze versorgt werden.

An seinem ersten Tag bei uns führte er sich dermaßen wild auf, dass er den Paddock durchbrach und

Mein Fazit für Sie:

Pferde sind unsere besten Lehrer! Man lernt aber nur von ihnen, wenn man sie beobachtet, wenn man sich ihr Verhalten klarzumachen versucht. Man muss im Umgang mit ihnen nach dem Warum fragen.

auf die Koppel ausbüchste. Am zweiten Tag hatte er sowohl die Tierärztin als auch mich mit seinen flinken, kraftvollen Huftritten aus der Box befördert. Champ wurde mein größter Lehrmeister, ich verdanke diesem Hengst sehr viel, denn er zwang mich, mich auf seine »Denke« einzustellen. Er brachte mich dazu, umzudenken, nachzudenken und entsprechend zu handeln.

Heute habe ich Verständnis für Champi und sein Verhalten, aber als er zu uns auf den Hof kam, sah die Sache völlig anders aus. In dieser Situation mit diesem aufmüpfigen Pferd holte ich mir Unterstützung bei Robert. Ich werde nie vergessen, wie Robert unserem Champ entgegentrat.

Er verschwand in der Box, schloss die Türe und longierte den Hengst noch in seiner Box, der sich dann recht schnell gesitteter aufführte. Als Robert den Hengst dann aus der Box führte, schlug dieser nach ihm aus, worauf er das Tier sofort rückwärts richtete, immer wieder, bis Champ sich vernünftig führen ließ.

Am nächsten Tag dauerte dieselbe Prozedur nur noch drei Minuten und am dritten Tag lief es geradezu optimal. Von diesem Tag an war Ruhe. Seitdem steht Champ ganz in der Nähe seiner Stuten im Paddock und macht keinerlei Schwierigkeiten mehr.

Kapitel 1

links: Santee Champ ist heute ein braver und umgänglicher Hengst. Er hat seine Sicherheit und seinen Rangplatz gefunden und macht den POA's alle Ehre.

Die Botschaft

Do it yourself!

Das Interessante an der Geschichte ist, dass Robert – mein Freund und größter Kritiker – Champ mit »Be strict!« korrigierte.

Ich erarbeitete in der Folgezeit ein Skript mit den Grundlagen zur Pferdeausbildung, das ich auch auf meinen Kursen verteile.

Mit Erich Dolz konstruierte ich das Geitner-Halfter, das ich gerne zur Arbeit mit Pferden verwende. Dann begann ich mit meiner Seminararbeit, um Reitern und Pferdebesitzern zu zeigen, wie einfach der Umgang mit dem Pferd sein kann.

Learning by doing –
das sollte Ihre Devise sein.

Ich spreche mit diesem Buch die breite Masse an, die selbstständig mit ihren Pferden arbeiten möchte. Nach dem Motto: »Ich möchte etwas für die Beziehung zwischen mir und meinem Pferd tun und ich will es selber machen!«.

»Selber machen« heißt die Grundlage und zum Selbermachen gehören auch Fehler.

Wenn Sie aber mit Bedacht und mit Ruhe an ein Problem herangehen und vor allem immer ganz bewusst darüber nachdenken, was Sie gerade mit Ihrem Pferd tun und von ihm verlangen, dann werden Sie kaum große Fehler machen. Nur, wenn Sie aus lauter Vorsicht oder Angst gar nichts machen, werden Sie nicht weiterkommen.

Sie werden sehr rasch merken, dass Sie nicht mehr auf die Hilfe anderer Menschen angewiesen sind. Imitieren Sie nicht; bewahren Sie Ihre eigene Persönlichkeit und vergessen Sie nicht, dass die Pferde, mit denen Sie arbeiten, Ihre besten Lehrer sein werden!

Kapitel 2

Der »AHA-Effekt«

Wie Pferde »denken«

An dieser Stelle möchte ich Ihnen einige »technische Daten« zum Pferd liefern, die für eine erfolgreiche Pferdeausbildung unumgänglich sind. Wenn Sie die Grundsätze dieses Kapitels verinnerlichen, wird auch Ihnen das Verhalten Ihres Pferdes klarer werden. Sie werden Ihr Pferd (und u. U. auch sich selbst) mit anderen Augen sehen.

Die meisten Missverständnisse zwischen Pferd und Mensch treten auf, weil der Mensch dem Pferd menschliches Denken und Verhalten unterstellt und ihm dabei eine Mütze überstülpt, die einfach nicht passen kann.

Wenn wir kein Verständnis für die »Denke« des Pferdes entwickeln, ist eine harmonische Kommunikation nicht möglich und sind die Probleme vorprogrammiert!

Pferde »funktionieren« eigentlich nach dem gleichen »Strickmuster«. Dieses »Strickmuster« ist so einfach, dass es jeder durchschauen und sich das Wissen darum zu Nutze machen kann. Sie müssen sich dafür nicht Monate lang mit natürlichem Pferdeverhalten beschäftigen und das Wesen Ihres Pferdes in allen Einzelheiten durchkauen. Sie müssen vor allem zwei Dinge wissen und im Umgang mit Ihrem Pferd berücksichtigen:

1. Jedes (!) Pferd ist ein Flucht- und Beuttier.
2. Jedes (!) Pferd benötigt Sicherheit und dafür einen klaren Platz in der Rangordnung.

Kein Pferd mag gern allein sein, und nur wenige tun es freiwillig.
In einer Herde herrscht immer eine klare Rangordnung.

Nichts wie weg hier!

Das Pferd –
ein Flucht- und Beutetier

Jeder von Ihnen wird sicher den Unterschied zwischen einem Raubtier und einem Flucht- oder Beutetier kennen. Was es aber heißt, als ein Flucht- und Beutetier durchs Leben gehen zu müssen, das können wir Menschen uns nur sehr schwer vorstellen. (Ich sage absichtlich »durchs Leben gehen müssen«, da es wirklich brutal ist.)

Anhand eines Beispiels betrachten wir uns die Sache einmal genauer. Sie alle kennen sicher solch eine Situation: Tagelang reiten Sie mit Ihrem Pferd an einem bestimmten Gegenstand völlig problemlos vorbei, z. B. an einem Müllsack, der am Wegesrand steht. Zwanzig Tage lang ist dieser Müllsack Ihrem Pferd egal; es interessiert sich überhaupt nicht dafür. Doch am einundzwanzigsten Tag schnaubt Ihr Pferd beim Anblick des gleichen Müllsacks, tänzelt umher, reißt den Kopf hoch und will vielleicht sogar ausbüchsen.

Sie verstehen die Welt nicht mehr und fragen sich, was mit dem Pferd denn nun schon wieder los ist. »Will es mich ärgern oder vielleicht sogar veräppeln?« »Hat es keine Lust auf einen Ausritt?«

Irrtum! Das Pferd will Sie nicht ärgern oder veräppeln (das kann übrigens kein Pferd dieser Welt) und es will Sie auch nicht blamieren, indem es vor seinen und Ihren Kumpels eine bühnenreife Einlage veranstaltet. Doch was hat es dann mit dieser Reaktion auf sich?

Ganz einfach: Am einundzwanzigsten Tag hatte der Wind einen kleinen Ast vom Baum gefegt, der auf den Müllsack fiel und dessen Form somit minimal veränderte. Diese, für das menschliche Auge kaum

wahrnehmbare Veränderung, löste bei dem Pferd Angst und damit den Fluchtinstinkt aus.

»Lächerlich!«, werden Sie denken, »wegen eines albernen Ästchens muss mein Pferd doch nicht gleich in Panik verfallen.« Und ob es das muss! Es ist ein Grundbedürfnis des Flucht- und Beutetieres Pferd, sich zu schützen, um überleben zu können. Es sucht Schutz vor unbekannten, unverständlichen und damit bedrohlichen Situationen. Pferde folgen ihren Instinkten, daher stufen sie für sich Unverständliches automatisch als »Gefahr« ein.

Solche Reaktionen haben in der Regel
einen Grund und sind meist auf mangelnde Sicherheit
bzw. Rangordnung zurückzuführen.

Das Fluchtverhalten kann durch ein Geräusch, eine Bewegung, Geruch oder wie gesagt durch die Veränderung eines Gegenstandes in eigentlich gewohnter Umgebung ausgelöst werden. Nur wenn das Pferd seine Wahrnehmung sofort als »nicht gefährlich« einstuft, wird es ruhig bleiben. Zusätzliche, ungewohnte Eindrücke können unter bestimmten Bedingungen zu noch größerer Panik führen. Bei starkem Wind, an fremden Orten, auf unsicherem Boden können die Pferde noch stärker zur Flucht neigen.

Das Pferd hat seine Aufmerksamkeit von der Reiterin abgezogen; es interessiert sich nicht dafür, was sie möchte, sondern macht sein eigenes Ding.

Auch vor Schmerz und Überforderung schützen sich Pferde, weil es ihre Sicherheit gefährdet. Den einzigen Schutz, den das Pferd kennt, ist die Flucht. Wenn das nicht geht, wehrt es sich durch Bocken oder Erstarren. Fluchttiere stellen sich also in der Regel nicht der drohenden Gefahr, sondern sie hauen ab! Sie rennen weg, um erst dann zu sehen, was sie so erschreckt hat.

Das Grundbedürfnis, sich zu schützen, ist in den Genen eines jeden Pferdes verankert, sozusagen wie mit einem Chip einprogrammiert. Es handelt sich hier um etwas, das wir (erst einmal) als gegeben hinnehmen müssen; auch, wenn es für uns sehr unangenehm oder gefährlich werden kann, wenn unser Pferd im Gelände aus scheinbar unerfindlichen Gründen scheut und panisch mit uns durch die Botanik rast. Das heißt aber noch lange nicht, dass wir solche Situationen nicht in den Griff bekommen könnten.

Merken Sie sich:

Auch ein »domestiziertes« Pferd wird immer (!) ein Fluchttier bleiben!

Entgegen der Verhaltensweise »wild« lebender Pferde, hat sich bei unseren domestizierten Pferden lediglich die Fluchtdistanz verändert. Heutzutage fehlt auch bei den »wild« lebenden Pferden der natürliche Feind, im Gegensatz zu der Zeit, als sie sich in der Evolution befanden. Der Selektionsdruck, der das Überlebensprogramm des Pferdes prägte, förderte die Fluchtreaktion so stark, dass auch heute noch diese Reaktion schnell und automatisch einsetzt. Sie ist ein wesentlicher Bestandteil der Psychologie eines jeden Pferdes. Als Mittel

Kapitel 2

Flucht ist die natürliche Verteidigung eines Pferdes, seine Reaktion bei Angst oder Bedrohung.
Hier folgt die ganze Herde dem Signal der Leitstute. Sie führt die Herde aus dem Gefahrenbereich heraus.

des Selbstschutzes muss dieses Verhalten ohne Zögern auszulösen sein.

Wir neigen dazu, Pferde wegen dieser Reaktion als feige zu bezeichnen. Der Mensch als ehemaliger »Jäger und Sammler« reagiert bei Gefahren natürlich anders und möchte zuerst die Ursache des z. B. bedrohlich klingenden Geräusches herausfinden

> ## Vergessen Sie nie:
>
> *1. Für Ihr Pferd ist es anstrengend, als Flucht- bzw. Beutetier unterwegs zu sein!*
> *2. Wenn Ihr Pferd flüchtet (oder seine Angst durch andere »Unarten« zeigt), will es Sie nicht ärgern, sondern folgt ausschließlich seinen ureigenen Instinkten, die ihm helfen, zu überleben.*

und würde nur fliehen, wenn er wirklich Angst hätte. Pferde rennen hingegen zunächst einmal davon, auch wenn sie sich nur kurz erschreckt haben. Betrachtet man die Fluchtdistanz, sieht sich ein Wildpferd nach ca. 800 Metern das erste Mal um, um nachzusehen, ob es das vermeintliche Raubtier (oder was auch immer) bereits »abgeschüttelt« hat.

Bei unseren Reitpferden, die ja in der Regel keinen natürlichen Feinden ausgeliefert sind, hat sich diese Fluchtdistanz auf ca. zwei bis zehn Meter verkürzt.

Mit diesem Hintergrundwissen wird es Ihnen nicht mehr schwer fallen, sowohl einen unerwarteten Satz nach vorn als auch einen Hüpfer zur Seite als reines Fluchtverhalten zu erkennen.

Nun werden Sie vielleicht sagen: »Na gut. Mein Pferd ist also ein Fluchttier ... aber wovor muss es denn flüchten, wenn gar keine reale Gefahr besteht?« Aus menschlicher Sicht ist es natürlich vollkommen unsinnig, vor einem Müllsack davonzurennen, aber Ihr Pferd sieht das ganz anders.

Ihr Pferd ist nämlich nicht nur ein Flucht- sondern auch ein Beutetier. Und als Beutetier muss es in der ständigen Furcht leben, angegriffen und gefressen zu werden. Dieses von der Natur durchaus sinnvoll eingerichtete Gesetz ist für uns ebenfalls unabänderlich.

Natürlich wissen Sie und ich, dass in unseren heimischen Gefilden keine wilden Tiger im Gebüsch hocken, die nur darauf warten, unser Pferd zu fressen. Aber woher soll Ihr Pferd das wissen? Theoretisch ist aus der Sicht Ihres Pferdes alles, was unbekannt ist, ein »pferde-fressendes« Raubtier.

Denken Sie doch einmal an die Zeit, als Sie noch ein Kind waren und an Monster glaubten, die Ihnen nachts in Ihren Träumen begegneten. Bis ein netter Erwachsener sich hoffentlich irgendwann einmal erbarmt hat, Sie über die Tatsache aufzuklären, dass es sich hierbei nur um Phantasie-Gestalten handelte, haben Sie wahrscheinlich fürchterliche Ängste ausgestanden. Leider können wir unsere Pferde in der Regel nicht durch ein Gespräch unter vier Augen davon überzeugen, dass es keine Angst zu haben braucht.

Wir haben die Chance, unser Pferd davon zu überzeugen, dass es uns vertrauen kann, dass ihm, wenn wir dabei sind, nichts passieren wird. Schaffen Sie das, dann wird Ihr Pferd Ihnen überallhin folgen und auch das »Fliehen« lassen.

Um die Heftigkeit der Reaktionen Ihres Pferdes noch besser zu verstehen, müssen Sie Folgendes wissen: Die Natur hat es so eingerichtet, dass das Beutetier Pferd eine völlig andere Wahrnehmung besitzt als der Mensch. Würden Pferde so sehen wie wir, hätte ihre Art nicht überleben können.

Um eine lauernde Gefahr rechtzeitig erkennen zu können, haben sie den Vorteil, so genannte »For-

menseher« zu sein; kleinste Veränderungen in ihrem Umfeld werden sofort registriert und oft als potentielle »Pferdefresser« eingestuft.

Erinnern Sie sich noch einmal an das Beispiel mit dem Müllsack: Zwanzig Tage lang stand der Müllsack in seiner Form unverändert am Wegesrand, was für das Pferd bedeutete: »Aha. Keine Veränderung = keine Gefahr!« Und am einundzwanzigsten Tag fiel dann dieser Ast auf die Plastikfolie und hinterließ dort eine Delle, die die Form des Müllsackes veränderte und ihn damit zu einer möglichen Gefahr werden ließ.

Pferde können Veränderungen an Objekten erkennen, wenn sie diese nur einmal gesehen haben, egal wie winzig diese sind. Als Beutetiere müssen Pferde so denken. Wenn Sie sich vorstellen, dass die Vorfahren unserer Pferde »echten« Raubtieren ausgeliefert waren, wie hätten sie dann den gut getarnten Tiger im Gebüsch erkennen sollen, wenn sich die Form des Gebüsches dadurch nur wenig verändert hätte?

Durch die Körpersprache eines anderen Tieres können Pferde ersehen, ob ihnen Gefahr droht oder

Pferde sehen anders

Pferde sehen Bewegungen im Bereich von 0,4 mm. Sie nehmen buchstäblich wahr, wenn sich ein Haar krümmt.

Außerdem könnten sie einen Kinofilm in Einzelbildern sehen, denn sie erkennen 2,5 Bilder pro Sekunde mehr als der Mensch.

Würden Sie da nicht erschrecken?

Kapitel 2

nicht. Ich verwende gerne das Beispiel von einer Zebraherde, durch die ganz locker ein Löwe marschiert, ohne dass auch nur ein einziges Zebra in Panik verfällt. Die Herde hat registriert, dass sich der Löwe nicht in Jagdbereitschaft befindet. Zebras erkennen dies an dem entspannten Bewegungsapparat des Löwen. Sein Muskelspiel signalisiert ihnen: »Ich bin entspannt und satt: Keine Gefahr für euch!« Und die Zebras wissen: »Uns geschieht nichts, wir können weiterfressen ...« Würde sich die Mimik des Löwen verändern oder würde er durch das Anspannen seiner Muskeln weniger nette Absichten verraten, würde er damit die Herde in Alarmbereitschaft versetzen.

Ob es nun ein Löwe ist, ein Müllsack oder eine Mohnblume am Wegesrand, die am Vortag noch nicht aufgeblüht war: Alles, was sich in gewohnter, vertrauter Umgebung auch nur in kleinster Weise verändert, kann eine Fluchtreaktion bei Ihrem Pferd auslösen. »Flucht« bedeutet übrigens nicht gleich »Rennen bis ans Ende der Welt«. Eine Fluchtreaktion ist auch ein unerwarteter Hüpfer in den nächstbesten Graben.

Im Reitbetrieb meiner Eltern hat ein gewendetes Himbeerstrauchblatt (diese sind auf der Rückseite rosarot) einen schweren Reitunfall ausgelöst und das bei einem Pferd, das jahrelang täglich mehrere Stunden im Gelände geritten wurde und vor allem die Strecke wie seine Westentasche kannte. Bitte behalten Sie den Sicherheitsanspruch Ihres Pferdes immer im Auge. Vor allem dann, wenn Sie sich wie-

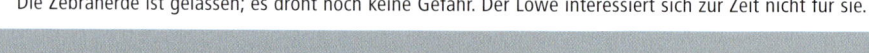

Die Zebraherde ist gelassen; es droht noch keine Gefahr. Der Löwe interessiert sich zur Zeit nicht für sie.

der einmal ärgern, weil Ihr Pferd wegen »Nichtigkeiten« den Aufstand probt. In solchen Augenblicken bangt Ihr Pferd um sein Leben und braucht Schutz und Sicherheit.

An meinem Stuhl wird nicht gesägt!

Die natürliche Rangordnung

Wie Sie wissen, sind Pferde Herdentiere. Sie zeigen ein Sozialverhalten, das auf das Herdenleben abgestimmt ist. Im Zusammenleben mit Pferden sind wir Menschen gezwungen, die Spielregeln, die in einer Herde gelten, zu kennen und zu begreifen.

In der Herdengemeinschaft gibt es unter den Pferden eine klare Hierarchie. Das ranghöchste Tier kann beispielsweise jeden Platz im Bereich der Herde betreten. Dieses Pferd muss allerdings auch gewisse »Pflichten« erfüllen, die aus seiner Stellung resultieren. Es ist dafür verantwortlich, drohende Gefahren rechtzeitig zu erkennen und zu reagieren, oder es muss ein neues Gebiet, in das die Herde zieht, zuerst betreten.

Daraus entsteht für die rangniederen Tiere ein Gefühl der Geborgenheit und Sicherheit, ganz wesentliche Aspekte, die ein Pferd braucht, um sich wohl und beschützt zu fühlen.

Sollte sich ein Raubtier in Jagdposition anschleichen, würde die Herde panisch aber geordnet flüchten.

Das Beutetier Pferd ist ein Formenseher. Kleinste visuelle Veränderungen kann es als »Gefahr« einstufen. Folge: Flucht!

Die Welt mit den Augen des Pferdes sehen

Die wichtigsten Orientierungshilfen der Pferde sind ihre Sinne. Für den Menschen ist sicher das »Sehen« der wichtigste Sinn. Bei Pferden sind der Geruchssinn, das Gehör und der Tastsinn wesentlich wichtiger. Schon die Lage der Pferdeaugen lässt auf ein anderes Sehen schließen als beim Menschen. Perspektivisches Sehen, Blickwinkel, das Sehen von Farben sowie das scharfe Sehen, funktionieren beim Pferd anders als beim Menschen.

Pferde verfügen nahezu über eine Rundumsicht mit dem toten Winkel direkt hinter ihnen. Durch die Lage ihrer Augen haben Pferde rechts und links je ein monokulares Sehfeld. (Monokular: Sehen mit einem Auge) Nur direkt vor sich kann es in einem schmalen Bereich binokular sehen. (Binokular: Sehen mit beiden Augen) Mit gesenktem Kopf kann das Pferd vor sich binokular und damit auch scharf sehen. Dinge, die in seinem monokularen Gesichtsfeld ablaufen, sieht es dagegen niemals scharf. Durch seine monokulare Sehweise kann es sein, dass ein Pferd auf einem Ritt problemlos an einem Gegenstand vorbeigeht. Kommt es auf dem Rückweg von der anderen Seite, kann alles ganz anders aussehen. Für den Menschen ist es oft nicht einfach vorstellbar, wie Pferde ihre Umwelt wahrnehmen. Es ist daher hilfreich, sich zu vergegenwärtigen, dass die Zusammenarbeit der Gehirnhälften beim Menschen »anders« funktioniert als beim Pferd: Dinge, die wir z. B. mit dem rechten Auge sehen, werden vom Gehirn automatisch ganzheitlich bewertet und eingestuft. Diese Bewertung verändert sich in der Regel auch dann nicht, wenn wir den gleichen Gegenstand mit dem linken Auge erfassen. Er wird als bekanntes Objekt registriert; also wiedererkannt. Pferden fehlt dieser umfassende »Wiedererkennungsmechanismus«. Erst, wenn ein unbekanntes Objekt von allen Seiten (d. h. von rechts, links, vorne und hinten) erfasst wird, ist es für das Gehirn eindeutig einzustufen. Daher ist es notwendig, dass man Pferden Dinge von beiden Seiten zeigt.

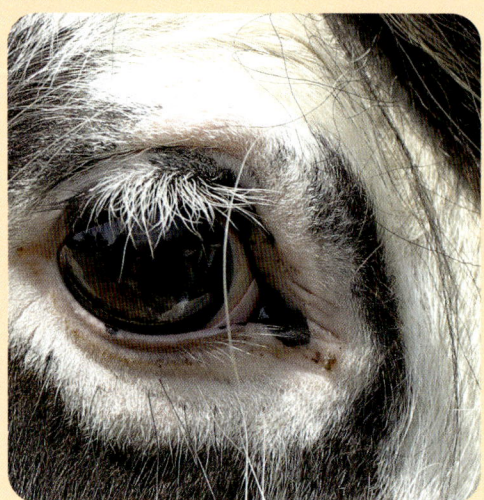

In der Gemeinschaft mit uns Menschen muss das Pferd seinen Reiter als den Ranghöheren akzeptieren, dem es vertraut und den es respektiert.

▬▬ Be strict – ganz praktisch

Anbinden und Stehenbleiben

Den ersten intensiven Kontakt, den wir im Alltag mit unserem Pferd haben, ist der Zeitpunkt, wenn wir es aus der Box oder dem Stall herausholen und zum Putzen anbinden möchten.

Bei allem, was ich bereits zum Thema »Positionsarbeit« und »Festlegung der Rangordnung« erläutert habe – ab diesem Zeitpunkt des Erstkontakts wird alles bisher Gesagte zu grauer Theorie. Denn schon ganz am Anfang, wenn wir noch gar nicht im Sattel Platz genommen haben, stellt sich heraus, wer bewegt und wer bewegt wird.

Gehen wir noch einen Schritt zurück und machen uns noch einmal die Situation eines Pferdes am Anbindebalken klar: Das Pferd ist und bleibt ein Fluchttier – vom vielleicht etwas fülligen Weideshetty bis zum Grand-Prix-Dressurpferd.

Und auch auf die Gefahr hin, dass ich mich wiederhole: Im Gegensatz zu uns Menschen weiß das Pferd ja nicht, dass es bei uns keine Pumas und Wölfe gibt (obwohl die zum Glück wieder auf dem Vormarsch in unsere Wälder sind). Die Situation, die sich unserem Pferd stellt, das fest ange-

bunden am Putzplatz steht, ist die, dass es seiner wichtigsten Überlebensstrategie beraubt ist: der steten Fluchtbereitschaft als einziger Waffe gegen den Puma. Wenn jetzt einer käme, wär's vorbei, denn flüchten geht ja nicht.

Versetzen Sie sich mal in Ihr Pferd und in diese Situation – ich glaube kaum, dass Ihnen dabei sehr wohl wäre. Diese Grundvoraussetzung sollte man immer im Hinterkopf haben, wenn man sich mal wieder über sein »unartiges« Pferd, das so gar nicht still stehen will, ärgert. Vergessen Sie bitte nicht: Ihr Pferd will Sie mit seinem Herumgehampel überhaupt nicht ärgern. Es zeigt nur das Unwohlsein, das ihm diese Situation bereitet.

Oberstes Gebot für Pferde, die am Anbindebalken unruhig werden, ist Ruhe. Hektisches Umeinandergelaufe im Stall und die »guten« Ratschläge der Stallkollegen machen das Ganze nur noch schlimmer. Lassen Sie sich nicht davon anstecken und »denken« Sie sich Ihren Weg: »Es ist alles in Ordnung, und ich möchte dich jetzt und an diesem Platz putzen und satteln.« Wenn Sie selber Unruhe ausstrahlen, muss Ihr Pferd aus seiner Logik heraus schlussfolgern, dass Gefahr im Verzuge ist. Zusammen mit der oben beschriebenen Situation des Schutzlos-ausgeliefert-Seins für den Fall, dass plötzlich der Puma auftaucht, ist das die beste Grundlage dafür, den Putzplatz oder Anbindebalken zu fürchten, wo es nur geht.

Hat Ihr Pferd also Probleme mit dem Anbindebalken, gibt es nur die Möglichkeit, es (wieder) sorgfältig daran zu gewöhnen. Wichtigste Voraussetzung: Stecken Sie sich kleine, erreichbare Ziele. Ein Pferd aus der Box herauszerren und gleich eine halbe Stunde anzubinden nach dem Motto: »Der muss sich halt daran gewöhnen« bringt gar nichts. Im Gegenteil, die »gefährliche« Situation dauert für das Pferd unübersehbar lange an und bestätigt es in seiner Auffassung, dass Angebundenwerden etwas Schreckliches ist.

Fangen Sie also mit kleinen Schritten an. In »schweren Fällen« sind schon 30 Sekunden angebunden still stehen ganz schön viel. Steigern Sie diese Zeitspanne nur langsam und erst dann, wenn die vorherige Zeitspanne wirklich »sitzt«. In den ersten Tagen ist die Lektion »Anbinden« ausschließlicher Trainingsinhalt. Hat das Pferd seine Aufgabe gut gemeistert, geht es zurück auf die Weide oder in die Box. Holen Sie Ihr Pferd ruhig auch ohne »Not« (Reitstunde, Tierarzt usw.) zum Anbindeplatz und binden Sie es für eine Trainingseinheit an. Sie werden sehen: Ohne den Stress der bevorstehenden Reitstunde oder den Tierarztbesuch im Nacken werden auch Sie sich viel ruhiger und entspannter verhalten und Ihrem Pferd dadurch unbewusst, aber umso deutlicher signalisieren: »Alles in Ordnung, wir haben keinen Druck, es ist alles gut.«

Nachdem nun also der Anfang gemacht ist, können Sie die Anforderungen steigern. Ein Trick, der dem Pferd weitere Sicherheit am Anbindebalken vermittelt, ist es, das Pferd nicht starr, also fest mit dem Balken zu vertäuen, sondern den Anbindestrick

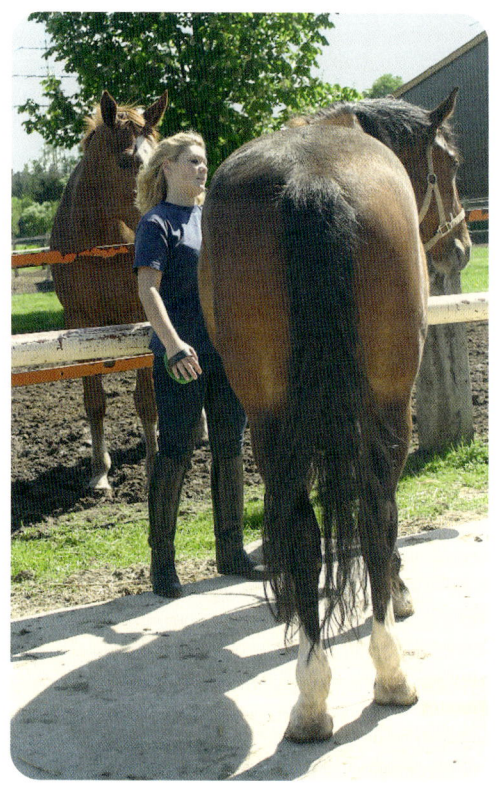

Ruhig angebunden stehenbleiben:
Für manche Pferde ist das nicht selbstverständlich und muss neu trainiert werden.

nur ein- oder zweimal um den Balken herum zu winden, so dass sich eine lose Verbindung zum ansonsten starren, fest montierten Putzbalken ergibt. Das nimmt dem Pferd die Angst, im Falle eines Raubtierangriffs dem Feind ausgeliefert zu sein. Behalten Sie jedoch das Strickende zur Sicherheit in Ihrer Hand. Zieht nun das Pferd zurück, gibt der Strick problemlos nach, das Pferd bleibt aber mit dem Balken trotzdem noch verbunden. Das flexible Anbinden entschärft so manche Situation und viele Pferde hören auf, am Strick zu zerren sobald sie merken, dass sie flüchten könnten, wenn sie wollten. Führen Sie das Pferd nach überstandenem Schreck dann wieder ruhig, aber bestimmt, an seinen Platz zurück und loben Sie es, wenn es wieder brav und gelassen steht.

Der Trick mit dem nachgebenden Strick ist übrigens schon uralt; die altgedienten Ausbilder der Kavallerie banden Pferde derart zum Putzen an, dass sie eine am Halfter befestigte Kette durch einen fest in der Wand verankerten Ring zogen und am freien Ende der Kette eine mehr oder weniger schwere Metallkugel montierten, die viel größer als der Anbindering war. So war das Pferd nicht starr mit dem Anbindering verbunden und die Kette konnte keine gefährlichen Schlaufen bilden, weil sie durch die Kugel stets gespannt gehalten wurde.

Geht am Balken oder am Anbindering gar nichts mehr, bleibt als weiterer vorbereitender Schritt die Möglichkeit, dem Pferd zunächst beizubringen, frei am Putzplatz zu stehen. Dazu müssen Sie jedoch erst das Kommando »Steh!« als unumstößlich zu befolgenden Befehl im Langzeitgedächtnis Ihres Pferdes verankern. Mit der Zeit können Sie am langen, zu Boden hängenden Strick den Abstand vergrößern, bis Ihr Pferd Ihnen nicht mehr folgt, sondern an seinem ihm zugewiesenen Platz verharrt. Ganz wichtig: Üben Sie das an einem ruhigen Ort in einer gelassenen Atmosphäre und ohne Ablenkung für Sie oder Ihr Pferd. Ist Ihr Pferd dann bereits zu einem »Freisteh-Profi« geworden, lassen Sie es trotzdem schon allein aus Sicherheits-

gründen nie alleine. Sie sollten auch bei den »freistehenden« Anbindeübungen immer einen Strick am Halfter befestigt haben. Denn so hat man immer noch eine Möglichkeit einzugreifen, wenn das Pferd sich plötzlich zu einem Spaziergang auf dem Hof entschließt.

Eine beliebte Methode der Pferde, angebunden für Aufmerksamkeit zu sorgen, ist heftiges Scharren mit den Vorderhufen. Auch wenn es stört – reagieren Sie nicht darauf. Der einzige Effekt, den Sie mit einem scharfen »Lass das!« oder »Aus!« erreichen, ist, dass das Pferd sein Ziel, nämlich Ihre Aufmerksamkeit auf sich zu lenken, erreicht hat. Es wird also durch eine Reaktion unsererseits in seinem Tun bestätigt. Wenn es gar nicht anders geht, dann ermahnen Sie Ihr Pferd, aber erschrecken Sie es nicht. Diese häufig zu beobachtende und manchmal allzu menschliche Reaktion führt im schlimmsten Fall dazu, dass das Pferd in Panik gerät. Wenn das passiert, haben Sie nichts gewonnen, sondern im Gegenteil nur ein Problem mehr.

Und noch ein ganz wichtiger Tipp zum Thema »Anbinden«: Bei aller Konzentration auf das Pferd kann es überlebenswichtig für Sie selber sein, dass Sie sich nicht unbewusst in eine Position zwischen dem Pferd und dem Anbindebalken, oder schlimmer noch, dem Pferd und der Stallwand manövrieren. Schon mancher erfahrene Reiter oder Tierarzt ist in einer solchen Position von einem scheuenden Pferd an der Wand im wahrsten Sinn des Wortes plattgedrückt worden, oft mit bösen Verletzungen.

Ob Traktor oder Raschelsack: Santee Champ steht vollkommen gelassen in seinem »Sicherheitsbereich« Paddock. Ich kann mit der Plane rascheln so viel ich will, er zeigt keine Reaktion.

Die Sache mit dem Traktor – alles eine Frage der Sicherheit

Pferde sind innerhalb ihrer Herdengemeinschaft ruhig und gelassen, können aber völlig ausrasten, wenn sie auf den Menschen treffen. Zum besseren Verständnis möchte ich an dieser Stelle wieder ein Beispiel anführen:

Stellen Sie sich vor, Sie reiten mit Ihrem Pferd an einem Traktor vorbei. Das heißt: Sie würden gern daran vorbeireiten, doch Ihr Pferd macht Ihnen einen Strich durch die Rechnung, weil es glaubt, dass dieser Traktor ein »Pferdefresser« ist. Ihr Pferd stemmt alle vier Hufe in den Boden und sagt Ihnen damit auf seine Weise: »Auf gar keinen Fall werde ich mit dir an diesem Ding vorbeigehen; ich bin doch nicht lebensmüde!«

Sie geraten ins Schwitzen und stellen fest, dass weder gutes Zureden noch energisches Vorwärtstreiben Ihr Pferd dazu bewegen kann, mit Ihnen an diesem »pferdefressenden« Ungeheuer vorbeizugehen. Letztendlich geben Sie entnervt auf, reiten zurück, satteln Ihr Pferd wieder ab und bringen es zu seinen Artgenossen auf die Koppel. Dort mischt es sich unter die Herde und beginnt zufrieden einige Grashalme abzurupfen. Sie wollen gerade gehen, da hören Sie auch schon den Traktor, der gerade um die Ecke kommt. Der »pferdefressende« Traktor von vorhin, der Ihnen vor einer Viertelstunde fast den letzten Nerv geraubt hatte! Sie denken: »Jetzt wird mein Pferd gleich panisch auf der Koppel herumtoben!« In Erwartung auf das bevorstehende Schauspiel stellen Sie sich an den Koppelzaun.

Der Traktor kommt näher und fährt – noch nicht mal besonders langsam – direkt an der Weide vor-

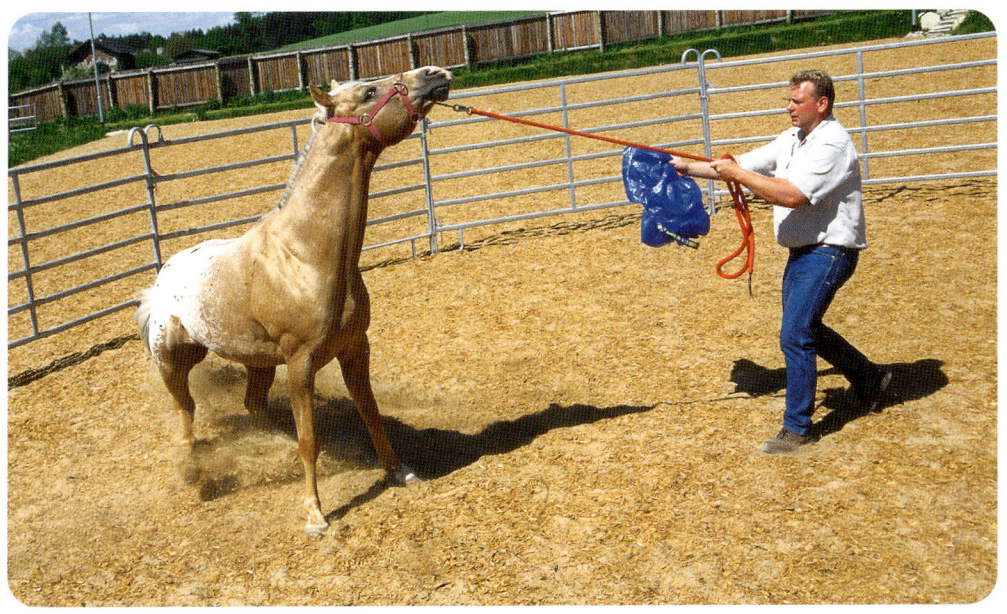

Wenige Minuten später löst derselbe Gegenstand eine panische Reaktion aus.
Ein Beweis dafür, dass der Sicherheitsanspruch bei Pferden außergewöhnlich hoch ist.

bei. Sie beobachten Ihr Pferd, doch dieses grast in aller Seelenruhe weiter und scheint gar nicht ans Flüchten zu denken. Es wackelt noch nicht einmal mit dem Ohr.

Im Gegensatz zu Ihrem Pferd sind nun Sie der- oder diejenige, die den Anfall bekommt, und Sie fluchen: »Das kann doch wohl nicht wahr sein! Vor einer Viertelstunde hat dieses Pferd noch so getan, als wäre der »Leibhaftige« hinter ihm her und jetzt steht es da und ist die ›Ruhe in Person‹ ... »Sie kommen wieder einmal zu der (falschen) Schlussfolgerung: »Mein Pferd hat mich veräppelt ...!«

Sie stiefeln wütend ins Reiterstübchen, erzählen Ihren Stallkollegen Ihre Episode und könnten platzen vor Wut. Von Seiten Ihrer Zuhörer kommt beipflichtendes Gemurmel und der eine oder andere wird noch ein ähnliches Anekdötchen zum Besten

geben. Abschließend seufzen Sie einhellig: »Pferde sind nun mal so ... Da kann man nichts machen ...« Vielleicht lachen Sie am Ende über diese merkwürdigen Beobachtungen und dann wird dieses Thema bis zum nächsten Vorfall vergessen sein, weil alle glauben, es sei unwichtig und Begebenheiten dieser Art hätten keine besondere Bedeutung.

Genau dort liegt der Fehler! Verständnis (und Abhilfe!) kann nur geschaffen werden, wenn die Bereitschaft vorhanden ist, den Dingen auf den Grund zu gehen. Seien Sie neugierig! Hinterfragen Sie! Erkennen Sie Zusammenhänge und rücken Sie Ihrem Ziel durch Wachsamkeit und Lernbereitschaft ein wenig näher!

Wenn Sie sich entschlossen haben, in Zukunft ein guter Pferdemensch zu werden, ist die Frage nach dem »Warum?« unumgänglich.

Kapitel 2

Mein Tipp

Nehmen Sie sich einmal die Zeit und die Ruhe und beobachten Sie Ihre Pferde auf der Weide. Sie werden Einblicke in die Pferdewelt erhalten, die Ihnen kein Buch dieser Welt vermitteln kann. Besonders interessant wird es für Sie sein, herauszufinden, welchen Rang Ihr eigenes Pferd (oder das Pferd, mit dem Sie überwiegend umgehen) innerhalb der Herdengemeinschaft bekleidet. Geht es bestimmten Pferden immer wieder aus dem Weg? Vertreibt es selbst andere Pferde? Darf es ungehindert fressen oder saufen? Zu welchen Pferden hat es Kontakt und welche meidet es?

In der Geborgenheit der Herde

Einige der Beobachtungen (die Sie ganz sicher bestätigen werden, nachdem Sie sich selbst damit befasst haben) fasse ich in diesem Kapitel zusammen, denn es sind wichtige Stationen auf dem Weg zum erfolgreichen Pferdetraining:

Für das Beutetier Pferd, das seines Erachtens nach in ständiger Gefahr lebt, ist die Herdengemeinschaft ungeheuer wichtig. Pferde sind keine Einzelkämpfer. Auf sich allein gestellt, könnten sie in der Wildnis nicht überleben. Ohne den Schutz der Gemeinschaft würden sie binnen kürzester Zeit den Raubtieren zum Opfer fallen und sterben. Ein von der Herde ausgeschlossenes Pferd ist so gut wie tot!

Jedes Herdenmitglied – ganz gleich, welchen Rang es in der Gemeinschaft für sich beansprucht – hat den Willen zu überleben. Es ist jedoch auf den Schutz seiner Herdengenossen angewiesen. Da in einer solchen Gemeinschaft jeder von jedem abhängig ist und jeder sich auf jeden verlassen muss, müssen klare Regeln gelten, damit diese – oftmals sehr große – Herdengemeinschaft funktionieren kann. Nur so können Schutz und Sicherheit gewährleistet werden.

Die Herdengemeinschaft, mit ihren klaren Regeln, sichert die Existenz und ermöglicht das Überleben!

▬▬ Be strict – ganz praktisch

Kleben

Sie kennen das vielleicht: Ihr Pferd geht keinen Schritt ohne seinen persönlichen »Coach«, einem Pferd aus seiner Herde, an das es sich in wirklich jeder Situation unzertrennlich anhängt. »Kleben« ist nicht nur lästig, sondern lässt Ihnen auch keine Möglichkeit, sich selber eine entsprechende Leit- und Führposition bei Ihrem Pferd zu erarbeiten, um dieses Verhaltensmuster aufzulösen. Dabei ist Kleben kein natürliches Verhaltensmuster des Zusammenhaltes innerhalb der Herde, sondern bezeichnet eine mehr oder weniger zwanghafte Konzentration eines Individuums auf ein anderes Herdenmitglied.

Entgegen der häufigen Annahme, Kleben läge an einem übertriebenen Herdenverhalten des Pferdes, stellt sich ganz oft heraus, dass es nicht die Liebe zu seinen Artgenossen ist, die das Pferd immer wieder bei seinesgleichen Schutz suchen lässt, sondern häufig mangelndes Selbstbewusstsein. Mit Fällen dieser Art konfrontiert, erlebe ich bei meinen Kursen immer wieder, dass scheinbar selbstbewusste »Kleber« in Wahrheit sehr unsichere Pferde sind, die nie gelernt haben, sich einem Menschen anzuvertrauen, sondern Schutz und Sicherheit immer nur in der Herde, wie klein sie auch sein mag, gefunden haben.

Einen Kleber wieder auf den Mensch als Anführer auszurichten, ist ein hartes Stück Arbeit, weil es bedeutet, das Vertrauen des Pferdes von Grund auf umzukrempeln und ihm zu zeigen, dass es nicht nur bei »seinem« Pferd und »seiner« Herde Sicherheit findet, sondern auch bei »seinem« Reiter. Das setzt natürlich grundlegend voraus, dass Sie selber genügend Ruhe und Selbstsicherheit ausstrahlen, um Ihr Pferd zu überzeugen, dass SIE diejenige Person sind, der es sich voll und ganz anvertrauen kann. Hier ist es hilfreich, sich vorab die Grundlagen der Positionsarbeit aus der Dual-Aktivierung anzueignen, um von Anfang an in für das Pferd nachvollziehbaren Schritten zunächst die Rangfolge zwischen Ihnen und dem Pferd abzuklären. Sie haben damit ein hinreichendes Werkzeug in der Hand, mit dem Sie beginnen können, weitere Schritte in Angriff zu nehmen, um Ihr Pferd auf Sie zu konzentrieren.

Ganz praktisch beginnen Sie damit, den Kleber in ganz kleinen Schritten, sozusagen im Minutentakt, von seinem Herden-Kumpel zu trennen. Ganz wichtig ist es, während dieser Zeit der Trennung das Pferd intensiv zu beschäftigen. Mit konzentrierter Bodenarbeit, zum Beispiel durch bewusste Tempowechsel beim Führen, durch Zickzacklaufen und anderes bringen Sie Ihr Pferd dazu, sich zumindest für die Zeit des Trainings voll und ganz auf Sie zu konzentrieren. Ihre Kreativität ist hierbei der Schlüssel zum Erfolg. Vergessen Sie bitte auch nicht, dass jede Übung auf beiden Händen durchgeführt wird, damit Ihr Pferd dazu angeregt wird, die Informationen, die es in der einen Hirnhälfte verarbeitet, auch auf die andere Hirnhälfte zu übertragen.

Sorgen Sie dafür, dass sich das Pferd auf Sie konzentriert, wenn Sie mit ihm zusammen sind (das zurückgestellte innere Ohr zeigt die Ausrichtung der Aufmerksamkeit auf die Reiterin).

Übertreiben Sie nichts und bauen Sie Ihr Pferd langsam, aber beständig auf. Lieber eher Schluss machen, als einen Rückschritt zu riskieren. Vergessen Sie nicht: Ihr Pferd hat es offensichtlich bisher nie gelernt, sich und seine Sicherheit einem Menschen anzuvertrauen. Und es dauert eben seine Zeit, ein über vielleicht viele Jahre eintrainiertes Verhalten wieder aufzulösen und in die gewünschte Richtung umzuformen. Eine wesentliche Ursache für das Kleben, nämlich mangelndes Selbstvertrauen des Pferdes in sich und seine Fähigkeiten, lässt sich ganz hervorragend durch gezieltes Training mit den Elementen der Dual-Aktivierung auflösen. Mangelndes Selbstbewusstsein resultiert oft aus einem Mangel an Körperbewusstsein und Körperwahrnehmung. Vergessen Sie dabei nie die Grundängste Ihres Pferdes: zum einen die Angst, von einem Beutegreifer angegriffen und gefressen zu werden und zum anderen die Furcht, zu stürzen und somit leichte Beute für Pumas und andere Feinde zu werden.

Analysieren Sie daher bitte genau, ob nicht vielleicht mangelnde Körperbeherrschung und Koordination das eigentliche Problem Ihres Pferdes ist. Vertrauen vermitteln Sie am besten dadurch, dass Sie Ihrem Pferd zeigen, dass es durchaus in der Lage ist, sich auf sich selbst und seinen Körper zu verlassen.

Ich weiß, dass man gerne dazu neigt, sich mit Vordergründigem zu begnügen. Und viele Pferde gehen ja scheinbar auch ihre Lektionen unter dem Sattel zuverlässig und routiniert. Aber schauen Sie einmal genau hin. Wie steht es wirklich um die Körperbalance Ihres Pferdes, wie gut setzt es unter dem Reiter oder auch an der Longe seine Hinterhand ein, wie steht es mit dem Umlasten der Hinterhand beim Handwechsel in verschiedenen Gangarten, unter dem Sattel und an der Longe vom Boden aus? – Nutzen Sie diese Hinweise und Signale Ihres Pferdes, um sich ein ehrliches Bild von seiner Körperwahrnehmung zu machen. Denn ehrliches Hinschauen und eine gründliche Analyse zeigen Ihnen eindeutig, wo Sie im Training ansetzen müssen, damit Ihr Pferd von einem unsicheren Kleber zu einem selbstsicheren und im positiven Wortsinn selbstbewussten Freizeitpartner wird.

Und noch etwas: Lassen Sie sich nicht von den vermeintlich »fachkundigen« Kommentaren von Stallgenossen verunsichern. Fassen Sie für sich selbst ganz fest das Ziel ins Auge, an dem Problem Ihres Pferdes zu arbeiten; die Meinung anderer kann zwar hilfreich sein, aber es ist IHR Pferd und IHRE Aufgabe, dieses Problem anzugehen und zu lösen. Schließlich wollen SIE ein zuverlässiges und positiv selbstständiges Pferd, mit dem Sie Ihre Freizeit verbringen. Was Sie dafür vor allem benötigen, sind der ehrliche Wille, an dem Verhalten Ihres Pferdes zu arbeiten und ein strukturierter Trainingsplan, in dem Sie sich in konkreten

Einzelschritten notieren, was genau Sie erreichen möchten und bis wann.

Sie haben Ihr Ziel erreicht, wenn Ihr Pferd sich zumindest für den Zeitraum Ihres Zusammenseins auf Sie konzentriert und für diesen Moment seinen persönlichen Herdenpartner in seinem Bewusstsein ausblendet. Realistisch betrachtet haben Sie damit schon viel erreicht, denn eine endgültige Abwendung des Pferdes von seinem ausgewählten Artgenossen wird man trotz intensiven Trainings in Zeiten der persönlichen Abwesenheit nicht erreichen können.

Es kann nur einen »Boss« geben

Für Sie und die Arbeit mit Ihrem Pferd ist das Wissen um die natürliche Rangordnung von größter Bedeutung. »Be strict!« baut auf dieser Rangordnungsthematik auf.

Eine wirklich sichere Herdengemeinschaft kann nur funktionieren, wenn die Rangordnungsfrage geklärt ist. D. h.: Nur einer kann der »Boss« sein und der bestimmt z. B., ob und wann geflüchtet wird. Gäbe es diesen »Boss« nicht, hätte das zur Folge, dass jedes Herdenmitglied in einer Gefahrensituation eigene Entscheidungen treffen würde. Dies wiederum würde bedeuten, dass sich die Herde bei drohender Gefahr in alle Himmelsrichtungen zerstreuen würde, weil niemand da wäre, der die Richtung angibt.

Wir unterscheiden zwischen ranghohen und rangniederen Pferden. Ranghohe Pferde werden auch als »Alpha-Tiere« bezeichnet. Ich kann Ihnen auf-

Kapitel 2

Die Herde vermittelt ihren Mitgliedern ein absolutes Sicherheitsgefühl.
Im Schutze der anderen Herdenmitglieder, kann man sich getrost ein Nickerchen gönnen ...

grund vieler Beobachtungen reinen Gewissens sagen, dass »Alpha« nicht gerade zimperlich mit seinen »Untergebenen« umgeht. Aus menschlicher Sicht kann »Alpha« sogar ein regelrechtes Ekelpaket sein! Aber eben nur aus menschlicher Sicht! Es sieht oft so aus, als würden Pferde nicht davor zurückschrecken, ein anderes Pferd grundlos und mit gezielten Huftritten in die Flucht zu schlagen. Doch »grundlos« ist das sicher nicht! Das schlagende Pferd weiß nämlich ganz genau, warum es schlägt. Und das Pferd, das sich diese Schläge einfängt, weiß es ebenso. Meist handelt es sich dabei um »Vorkommnisse«, die wir – mit menschlichen Augen betrachtet – gar nicht so schnell erkennen und deuten können.

Vielleicht befindet sich das Pferd gerade auf unbefugtem Terrain, denn in der Herde werden die besten Plätze von ranghöchsten Tieren besetzt, und

> *Kurz: Schutz und Sicherheit können nur gewährleistet werden, wenn die Rangpositionen geklärt sind.*

wird aus diesem Grunde etwas unsanft vertrieben. Die meisten Menschen, die versuchen, Pferde mit Gewalt zu erziehen oder auszubilden, bedienen sich des Argumentes: »Pferde prügeln sich in der Herde schließlich auch! So fest, wie die sich untereinander versohlen, kann ich gar nicht zuschlagen!«

Wenn ich so etwas höre, schreit meine Seele! Pferde wissen genau, wann es zu »krachen« hat; wir Menschen wissen es meistens nicht. Entweder sind wir zu langsam in unseren Reaktionen – oder wir sind zu schnell. Am schlimmsten aber wird es, wenn

Gib mir meinen festen Platz, dann fühl' ich mich wohl!

Pferde halten sich gerne an feste Regeln. Sie lieben einen klaren Platz in der Rangordnung und sie sind glücklich, wenn sie sich hundertprozentig darauf verlassen können. Auf diese Weise fühlen sich Pferde sicher und wohl. Die Herde ist also kein chaotisch zusammengewürfelter Haufen ohne jegliche Struktur, sondern viel mehr ein straff organisiertes Netzwerk, in dem jeder einen festen Platz und eine klare Zuordnung besitzt.

wir Pferde mangels Wissen auch noch völlig ungerecht behandeln.

Vergessen Sie nie: Ein Pferd macht aus seiner Sicht immer alles richtig!

Es ist »Alphas« gutes Recht, rangniedere Pferde jederzeit auf Distanz zu halten. »Alpha« kann seine Herdenkumpels vom Fressen abhalten, ohne dass diese ihm zuvor auf irgendeine Weise in die Quere gekommen sind; es darf (wenn es will) als Erster fressen und zuerst saufen und hat noch andere Vorteile. Sollte es dennoch einem rangniederen Kumpel großzügigerweise erlauben, sein Fell zu kraulen oder den Wassertrog mit ihm zu teilen, dann weiß der Rangniedere, dass er in diesem Augenblick ein Recht genießt, das ihm von einer Sekunde auf die nächste wieder von seinem Gönner streitig gemacht werden kann – egal, ob mit oder ohne Grund!

Was »Alpha« sagt, ist Gesetz! Es kann jederzeit die Aufmerksamkeit fordern. Immer und überall. Jedes ranghohe Pferd verhält sich so.

Sie wundern sich nun und denken: »Wieso ordnen sich die anderen Pferde so einem ekelhaften Kerl unter?« Die Antwort liegt auf der Hand: Weil sie es brauchen!

Sie brauchen jemanden, der ihnen zeigt, »wo es langgeht«. Sie brauchen einen verlässlichen Herdenchef, der die Entscheidungen für sie trifft. »Alpha« würde seine Glaubwürdigkeit verlieren, wenn es an anderer Stelle (z. B. bei der Fütterung) Schwäche zeigen würde. Ein schwacher Chef ist ein unsicherer Chef. Und ein unsicherer Chef ist eine Gefahr für die ganze Herde. Mitunter wird die Herdenchefin (Leitstute) damit konfrontiert, dass rangniedere Pferde ihre hohe Rangposition durch Missachtung der Regeln in Frage stellen. Sie wollen damit herausfinden: »Bist du wirklich noch die Ranghohe? Kann ich mich immer noch auf dich verlassen?«

Wenn »Alpha« dann hingeht und in aller Deutlichkeit Grenzen setzt, ist das rangniedere Pferd zufrieden und drückt dies häufig mit einer Geste aus, die Sie auch später bei Ihrem Pferd beobachten können, wenn Sie sich in der Position des Ranghöheren befinden. Diese Zufriedenheitsgeste drückt sich durch kauende, schleckende Maulbewegungen aus. Es signalisiert damit: »Du bist ranghoch. Ich bin zufrieden mit dir und fühle mich sicher.« Oft wird diese Geste von gleichzeitigem Kopfsenken begleitet.

Das Alpha-Tier fordert absoluten Gehorsam und genießt die totale Aufmerksamkeit seiner rangniederen Herdenmitglieder!

Lehrstunden durch »Alpha«

Unser im Mai 2000 geborenes POA-Fohlen wurde von unserer Quarter-Horse-Stute Shady dreimal durch einen Zaun gejagt. Eigentlich verhielt sie sich immer aggressiv gegenüber dem »Baby«. Es gefiel mir zuerst gar nicht, so etwas beobachten zu müssen. Ehrlich gesagt, begann ich mir sogar Sorgen zu machen. Hatte Shady, diese ekelhafte Tante, etwa noch nie in ihrem Leben etwas von »Fohlenschutz« gehört?

Was mich dann um so mehr erstaunte, war das Verhalten des Fohlens. Denn ständig suchte Amber ausgerechnet die Nähe ihrer »Peinigerin«. Mehrmals tastete Amber sich an Shady heran; und jedes Mal wurde sie verjagt. Nach einer Weile begann Shady das Fohlen in ihrer Nähe zu dulden.

Aus menschlicher Sicht ist ein solches Verhalten wohl kaum zu verstehen, aus »pferdischer« Sicht aber sehr wohl: Amber ist die Tochter der rangniedrigsten Stute in der Herde. So kommt es, dass ihr »der Platz an der Sonne« (z. B. bei Regen in der Hütte oder aber beim Fressen) verwehrt ist.

Entscheidend ist, dass Amber durch das Verhalten von Shady eine Sicherheit erfuhr, die ihr ihre Mutter

Manchmal geht es ganz schön grob in der Herde zu. Das Verhalten unter Pferden ist aber kein »Darfschein« für den Menschen, Gewalt gegen diese Tiere auszuüben. Pferde wissen immer, wann sie schlagen oder wofür sie geschlagen werden. Somit ist der Schlagabtausch für sie berechenbar.

Born to be »high«?

Stuten werden in die Rangordnung hineingeboren bzw. hineinerzogen, d. h. in einer gut zusammengestellten Herde gibt es kaum Kämpfe.

Nur weil der Mensch Herden zusammenwürfelt, treffen gleichrangige Pferde aufeinander und kämpfen gelegentlich.

Kein Pferd will sich nach oben kämpfen, auch wenn das der Mensch oft sogar erwartet.

aufgrund ihres unteren Rangplatzes nicht geben konnte. Heute steht die Kleine in der trockenen Stube und blickt ohne ein Zeichen von Reue auf ihre Mutter, die immer noch draußen im strömenden Regen steht und nass wird.

Es ist immer wieder überraschend, wenn man sieht, wie unglaublich konsequent mit den Fohlen in der Herde umgegangen wird. Fohlen werden genau so »streng« behandelt, wie die ausgewachsenen Pferde. Nur bei der Wahl der »Waffen« sind Unterschiede zu beobachten. Ein Fohlen wird natürlich nicht gleich so stark »getreten«. Bloß bei den Müttern scheinen sie »Narrenfreiheit« zu genießen, dies gilt aber nur bis zu einem bestimmten Tag, dann werden die Mütter so streng wie die anderen Stuten.

Aus menschlicher Sicht war das Verhalten ungerecht, sowohl das Verhalten der anderen Stuten gegenüber dem Fohlen als auch das Verhalten des Fohlens seiner Mutter gegenüber. Vergessen Sie solche Gedanken.

An dieser Stelle möchte ich noch ein anderes Beispiel aus meinem Forum schildern. Ein Pony wurde immer vom Rest der Herde, in der es lebte, ausgeschlossen und mitunter sogar »verprügelt«. Deshalb entschlossen die Besitzer des Pferdes, das Pony zu einem Nachbarn zu bringen, der sein Pferd alleine hielt. Es schien die beste Lösung zu sein, das ewig malträtierte Pony dazuzustellen, damit es endlich seine Ruhe hatte.

In der Tat verstanden sich die beiden prima. Bald war das Pony sogar der »Chef« in dieser kleinen Gemeinschaft. Dennoch brach das Pony ganz plötzlich aus dieser Zweier-Gemeinschaft wieder aus. Was glauben Sie wohl, wo es hinrannte? Es kehrte zu seiner alten Herde zurück!

Dieses Verhalten ist eigentlich gar nicht komisch. Die alte Herdengemeinschaft – mit all ihren Konsequenzen – hatte dem Kleinen letztendlich so viel Sicherheit geboten, dass es auf seine Chefposition verzichtete. Pferde wollen gar nicht führen, wenn sie die Wahl haben. Sie wollen gar keine Entscheidungen treffen (das machen sie nur, wenn sie es müssen – also z. B. dann, wenn sie ihre Sicherheit als gefährdet betrachten)!

Mein Fazit für Sie:

Der Mensch muss seinem Pferd dieselbe Sicherheit bieten wie die Herdengemeinschaft, in der klare Regeln gelten!

> ## Ich bin die Nummer Eins!
>
> *Egal welchen Rang Ihr Pferd in der Herde hat, ob ranghoch oder rangniedrig, Sie müssen der Ranghöhere sein. Die »Ausrede«, ich habe nun einmal ein dominantes Pferd, hilft Ihnen keinen Schritt weiter. Auch die ranghöchste Stute ordnet sich gerne unter, wenn ein guter Herdenchef kommt.*

Pferde brauchen »sichere« Menschen, auf die sie sich immer und überall verlassen können.

Pferde brauchen »sichere« Menschen

Übertragen Sie dieses Beispiel auf die Pferd-Mensch-Beziehung, dann werden Sie feststellen, dass es auch Ihrem Pferd viel lieber ist, wenn Sie der »Boss« sind und wenn Sie auch die Entscheidungen treffen.

Noch genauer betrachtet, könnte man sogar so weit gehen zu sagen: Pferde nicht zu führen, ist eine gewisse Form von Gewalt – eine Form von Gewalt im psychischen Sinne. Denn wir drängen das Pferd mit inkonsequentem Verhalten in einen Zustand der Dauer-Unsicherheit.

Erinnern Sie sich bitte noch einmal an das Beispiel mit dem Traktor. Keines der Pferde kümmerte sich um das Gefährt, weil das ranghohe Pferd keine Alarmbereitschaft zeigte. Die rangniederen Pferde wussten: Keine Alarmbereitschaft = keine Gefahr! Da dem Pferd aus unserem Beispiel in der gleichen Situation unter dem Sattel aber der Führer, das

Pferde und Menschen können die besten Freunde sein. Die Basis dafür ist absolutes Vertrauen. »Vertrauenssituationen« wie diese, prägen das Gemeinschaftsgefühl und tun dem Kleinen sogar sichtlich gut.

Alpha-Tier, fehlte, traf es seine Entscheidung selbst und erstarrte regelrecht, weil sein Reiter ihm die Flucht verwehrte.

Im nächsten Schritt müssen wir uns ansehen, wie Sie für Ihr Pferd der Ranghohe werden können. Derjenige, auf den sich Ihr Pferd immer und überall verlassen kann, egal ob am Boden oder im Sattel. Sie müssen der »Chef« werden, denn nur so re-

spektiert Sie Ihr Pferd und fühlt sich sicher und wohl.

Haben Sie das erreicht, wird Ihr Pferd mit Ihnen an allen »Pferdefressern« dieser Welt vorbeigehen. Denken Sie daran: Wenn die Rangordnung zwischen Ihnen und Ihrem Pferd geklärt ist, kann Ihr Pferd sich mit Ihnen und können Sie sich mit Ihrem Pferd sicher fühlen.

Kapitel 2

Kapitel 3

Hippo trifft Homo –

eine Begegnung der 3. Art

Unsicherheitsfaktor Mensch

Nun werden wir den menschlichen Part in der Pferd-Mensch-Beziehung einmal kritisch unter die Lupe nehmen. Das ist nicht zu vermeiden, wenn man bedenkt, dass gutes Horsemanship auf der erfolgreichen Kommunikation zwischen Pferd und Mensch beruht. Es reicht daher nicht aus, sich »nur« Gedanken um das Pferd zu machen.

Wie ich bereits erwähnt hatte, ist jede wenig erfolgreiche Pferd-Mensch-Beziehung von Missverständnissen geprägt. Ihr Pferd ist natürlich nicht in der Lage, solche Missverständnisse aus dem Weg zu räumen; daher müssen Sie ihm entgegenkommen. Die Verantwortung für eine erfolgreiche Pferd-Mensch-Beziehung liegt also bei Ihnen.

Es ist wichtig, dass Sie Ihre Einstellung zu Ihrem Pferd überdenken und verändern. Diese Einstellungsveränderung ist nur möglich, wenn Sie Ihre eigene Beziehung zum Pferd überprüfen und die bisher gemachten Fehler erkennen.

Sie sollen ermutigt werden, ausgetretene Pfade zu verlassen und mit »Be strict!« einen Weg einzuschlagen mit dem Ziel, eine gesunde und erfolgreiche Pferd-Mensch-Beziehung herzustellen.

Den Grad des Erfolges bestimmen Sie selbst

Das »Umdenken« ist erfahrungsgemäß ein Stolperstein auf dem Weg zum wirklich guten Horseman. Schon Albert Einstein sagte: »Es ist schwieriger, eine vorgefasste Meinung zu zertrümmern als ein Atom!« Genauso ist es in unserem Fall: Die meisten Menschen tun sich sehr schwer damit, Ihre

> *Wie erfolgreich Sie werden, hängt einzig und allein von Ihrer Bereitschaft zum »Umdenken« ab.*

Wahrnehmung zugunsten des Pferdes zu verändern, weil Sie z. B. nicht die innere Bereitschaft haben, Gefühle neu zu definieren. Die Kluft zwischen menschlichem und »pferdischem« Denken und Fühlen ist unglaublich groß und genau deshalb sind Missverständnisse in der Kommunikation nahezu vorprogrammiert.

Um es gleich vorwegzunehmen: Umdenken kann jeder! »Geht nicht« gibt es in diesem Fall nicht. Die Frage ist nur, ob Sie es wirklich wollen. Wenn Sie nicht umdenken wollen, kann Ihnen »Be strict!« nicht helfen und kann ich Ihnen nicht helfen. Sie allein haben den Erfolg mit Ihrem Pferd in der Hand! Es geht mir darum, nicht nur in den Köpfen, sondern auch in den Herzen der Menschen etwas zu verändern, und zwar so, dass es unseren Pferden zu Gute kommt. Das ist das Ziel, das jeder gute Horseman verfolgen sollte: Dem Pferd – seiner Art entsprechend – etwas Gutes zu tun!

Pferde und ihre Menschen

Sie wissen es bereits: Alles, was Ihr Pferd zu seiner Sicherheit und damit zum Leben benötigt, bekommt es innerhalb seiner Herdengemeinschaft. Das ist natürlich prima fürs Pferd; für uns Menschen heißt das aber auch:

Ihr Pferd kann ohne Sie leben!
Es braucht Sie nicht!

Kapitel 3

Wenn Sie die Box, den Paddock oder die Weide betreten und Ihr Pferd Sie nicht beachtet, dann ist es höchste Zeit fürs Basistraining. Sie sind der Ranghöhere und Ihr Pferd kommt dann gerne um zu sehen, was Sie von ihm möchten.

Die Herde gibt Ihrem Pferd Sicherheit. Dort fühlt es sich beschützt und geborgen. Welchen Grund sollte es also haben, sich einem Zweibeiner unterzuordnen? Einem Zweibeiner, der ein – für das Pferd – oft undefinierbares Kauderwelsch redet; einem Zweibeiner, der keine Gefahren sieht (z. B. den »pferdefressenden« Müllsack); einem Zweibeiner, der die Sprache des Pferdes nicht versteht?

Sie wollen bestimmt auch nichts mit jemandem zu tun haben, der Ihnen nicht zuhört, oft unaufmerksam ist, ständig an Ihnen vorbeiredet und Sie nicht respektiert, oder?! Bei einer solchen Person können Sie sich nicht sicher und wohl fühlen!

Schutz und Sicherheit in der Herde können nur gewährleistet sein, wenn die Rangpositionen geklärt sind!

Wenn Sie und Ihr Pferd aufeinander treffen, bilden Sie gewissermaßen eine »Zweierherde«. Ihr Pferd hat also seine vertraute und sichere Herde verlassen und begibt sich nun in eine »Mini-Herdengemeinschaft«. Auch in dieser »Herde« wird Ihr Pferd nach seiner gewohnten Sicherheit suchen und die Rangpositionen klären wollen. Das ist schließlich sein Grundbedürfnis; unumstößlich, unabänderlich – eben Fakt!

Die Rangpositionen zu testen, zu klären und festzulegen ist für Ihr Pferd nicht weiter schwierig. Pferde sind erstklassige Beobachter. Einen Menschen exakt und treffsicher einzuschätzen ist eine seiner leichtesten Übungen. Schon im allerersten Augenblick Ihres Aufeinandertreffens »scannt« Ihr Pferd Sie regelrecht ab. All seine Sensoren sind auf Empfang geschalten, und Sie sitzen quasi auf dem »Präsentierteller«!

Denken Sie an das Beispiel mit der Zebraherde: Anhand der Körperhaltung des Löwen konnten die Zebras erkennen, woher der »Wind wehte«. Obwohl Sie kein Löwe sind, wird Ihr Pferd mit Ihnen nicht anders verfahren. Sie sind schlecht drauf und spielen die/den Selbstbewusste(n)? – Vergessen Sie's! Ihr Pferd merkt das sowieso! Man könnte auch sagen: Schublade auf, Mensch rein, Schublade zu ...

Feinste Signale Ihrer Körpersprache werden von Ihrem Pferd erkannt. Und nun überlegen Sie bitte mal, welchen Rang ein Mensch bekleiden könnte, der mit hängenden Schultern und schlurfendem Gang über die Weide gelaufen kommt, um sein Pferd zu holen? Sieht der vielleicht aus wie ein Schutz bietender »Ranghoher«, dem das Pferd gerne folgt, weil es weiß: »Bei ›meinem‹ Menschen passiert mir nichts?«

Wenn ich ein Pferd von der Koppel hole, nähere ich mich diesem Pferd in aufrechter Körperhaltung. Immer wenn ich mit meinen Pferden umgehe oder mit ihnen arbeite, ist meine Haltung selbstbewusst; die Schultern sind gestrafft; mein Gang ist aufrecht

Es gibt keinen vernünftigen Grund für das Pferd, sich auf uns Menschen einzulassen!

– meine Bewegungen sind ruhig, aber bestimmt. Durch diesen körperlichen Ausdruck signalisiere ich dem Pferd: »Du bist sicher bei mir. Dir wird nichts geschehen ...«

Selbstverständlich ist nicht allein der erste Augenblick des Aufeinandertreffens entscheidend für die Klärung der Rangpositionen.

Mein Tipp diente dazu, bei Ihnen ein Bewusstsein für solche prägnanten Kleinigkeiten zu wecken.

Aus seiner Herdengemeinschaft kennt Ihr Pferd nur zwei Rangpositionen:

1. Die Position des Ranghohen
2. Die Position des Rangniederen

Ihr Pferd wird also zu seiner Sicherheit das Bedürfnis entwickeln, Sie und sich selbst in eine dieser beiden Positionen einzuordnen. Im besten Falle sind Sie also nach Einschätzung Ihres Pferdes das Sicherheit und Vertrauen bietende »Alpha-Tier«; im schlimmsten Fall sind Sie gar nichts!

Nun trifft das Pferd auf den Menschen, und zu den bekannten und vertrauten Rangpositionen »ranghoch« und »rangniedrig« gesellt sich plötzlich eine unbekannte (und damit gefährliche) Spezies, nämlich der halbranghohe Mensch! Und der ist eine besonders schwierige Komponente, da er Chaos und Verwirrung schafft.

Nun werden Sie sicherlich wissen wollen, woran Sie einen ranghohen, rangniederen bzw. halbranghohen Menschen erkennen können. Wie sich die Rangpositionen zwischen verschiedenen Menschen und deren Pferden verteilt haben, ist für Außenstehende sehr leicht zu beobachten. Sie können anhand der Reaktion des Pferdes auf seinen Menschen Rückschlüsse auf die herrschende Rangordnungsverteilung ziehen. Deshalb sagte ich auch: Fragen Sie die Pferde. Sie werden es Ihnen sagen!

Kapitel 3

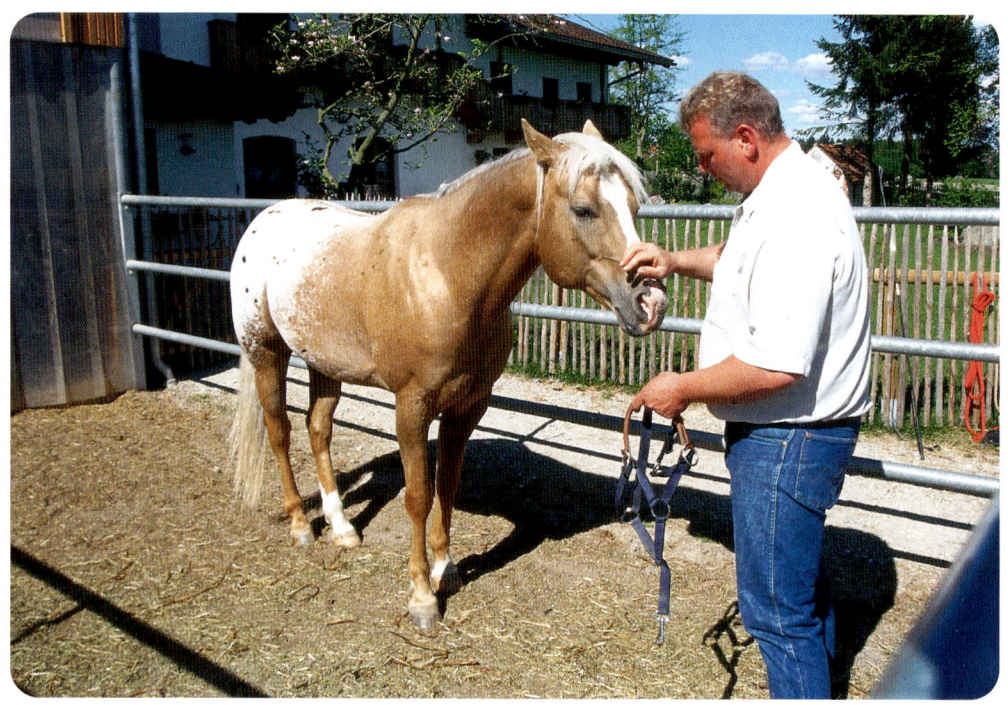

Kommt Ihr Pferd freudig auf Sie zu, dann loben Sie es.

Wenn ein Pferd z. B. seinen schimpfenden, am Führstrick hängenden Menschen hinter sich herzieht, um sich auf den nächstbesten Heuhaufen zu stürzen, dann könnte es Ihnen damit sagen: »Guck mal! Ich besorge mir mit meinem ›Halbranghohen‹ (es könnte auch ein Rangniederer sein) mein Futter. Er hat zwar keine Lust, aber das macht nichts. Ich bestimme, wann gefressen wird!«

Der rangniedere Mensch

Der rangniedere Mensch ist in der Regel der, der ständig pennt und immer nachgibt. Wenn ein solcher Mensch z. B. mit seinem Pferd im Gelände unterwegs ist, wird er sein Pferd höflich fragen, ob es vielleicht ... eventuell ... wenn es keine Umstände macht ... bereit wäre, mit ihm über den kleinen Ast am Wegesrand zu springen. Das Pferd wird vielleicht kurz stehen bleiben und damit zurückfragen: »Willst du wirklich mit mir darüber springen?« Herr oder Frau »Rangniedrig« wird verständnisvoll lächelnd den Hals des Schützlings klopfen und sagen: »Du willst wohl nicht, wie? – Natürlich, hast ja Recht. Warum sollten wir über diesen Ast springen?!« Und dann wird der Ast – um des lieben Friedens Willen – kunstvoll umschifft oder man kehrt einfach um.

Rangniedere verwechseln ein solches Verhalten gerne mit Harmonie und schwören auf antiautoritäre Erziehung, damit Pferd sich »entfalten« kann,

Wenn ich ein Pferd auf der Koppel einfange, bewege ich mich mit gesenktem Kopf und in einem größeren Bogen seitlich auf das Pferd zu.

einfach Pferd sein kann ... Rangniedere glauben oft daran, dass ihr Pferd sie dafür abgöttisch liebt. Wahrscheinlich wäre es für sie ein großer Schock, wenn sie wüssten, was sie wirklich für ihr Pferd bedeuten: Im Prinzip sind sie nämlich nichts! Allenfalls vielleicht derjenige, der das Pferd reitet (aber nur, wenn es Lust hat) oder sie sind der, der es füttert. Aber darüber hinaus sind sie gar nichts! Merkwürdigerweise gibt es tatsächlich Pferd-Mensch-Kombinationen, die so irgendwie funktionieren. Unter Umständen gewöhnt sich das Pferd – boshaft ausgedrückt – mit der Zeit daran, einen »Unsicherheitsfaktor« mit sich zu führen, und dieses »Anti-Team« arrangiert sich irgendwie. Aber die Erfüllung kann das weder für den Reiter noch das Pferd sein.

Trifft der Rangniedere jedoch auf ein waches, intelligentes Pferd, so ist das eine Kombination, die zum Scheitern verurteilt ist; es sei denn, der rangniedere Mensch denkt um!

Der ranghohe Mensch

Der ranghohe Mensch ist der, der jederzeit die Aufmerksamkeit seines Pferdes hat und meistens auch erfolgreich ist. Ein unsichtbares Band aus Respekt und Vertrauen verbindet diesen Menschen mit seinem Pferd. Er ist derjenige, der seinem Pferd die gleiche Sicherheit bieten kann, wie das Alpha-Tier in der Herde. Ein Pferd, das das seltene Glück hat, auf einen solchen Menschen zu treffen, hat gewonnen!

Kapitel 3

Dem Ranghöheren folgt das Pferd auch auf der Weide ohne Halfter und Strick.

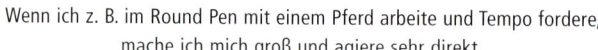

Wenn ich z. B. im Round Pen mit einem Pferd arbeite und Tempo fordere,
mache ich mich groß und agiere sehr direkt.

Das dürfen Sie nie zulassen! Das Pferd scheint seinen Menschen nicht zu beachten. Zwischen diesen beiden ist die Rangordnung noch zu klären. Das Pferd sollte seine Entscheidungen nicht selber treffen, wenn es beim Menschen ist. Bei diesem Paar hat der Mensch eindeutig den rangniederen »Part«.

Ranghoch zu werden ist das Ziel, das Sie und ich mit »Be strict!« anstreben.

Uns Menschen ist die Ranghöhe nicht angeboren, aber wir können uns mit einer gewissen Form von Selbstsicherheit, Kompetenz und Wissen diese Position erarbeiten. Denn Wissen schafft Selbstsicherheit!

Der halbranghohe Mensch

Und nun komme ich zu dem – für das Pferd – großen »Unbekannten«: Es handelt sich um den »Halbranghohen«. Ich will Sie nicht erschrecken, aber es ist wirklich eine Tatsache, wenn ich sage: Die meisten Pferdeleute befinden sich in der für Pferd und Mensch unangenehmen Position des Halbranghohen.

Halbranghohe Menschen sind für Pferde nicht einzuordnen. Unbewusst verstoßen Halbranghohe immer wieder gegen wichtige Herdenregeln. Für sie heißt es: »Heute hü und morgen hott«. Heute sind sie konsequent und morgen nicht. Heute muss ihr Pferd beim Putzen stillstehen, morgen darf es herumzappeln, heute muss ihr Pferd durch eine Pfütze gehen, morgen darf es einen Bogen um die Pfütze machen, heute darf sich das Pferd an der Schulter seines Halbranghohen schubbern; morgen wird es für das gleiche »Vergehen« in Grund und Boden geschrien. Heute (z. B. beim Turnier) wird von dem Pferd des Halbranghohen absolute Aufmerksamkeit gefordert; morgen darf »geschlampt« werden.

Häufig gibt es für den halbranghohen Menschen keine klaren Regeln; in der einen Situation fordert er die Aufmerksamkeit des Pferdes nicht, doch in

Wagen Sie einen Blick in den Spiegel

Haben Sie je darauf geachtet, wie Sie auf Ihr Pferd zugehen?
Strahlen Sie diese ruhige Bestimmtheit aus, die Pferde lieben, oder sind Sie hektisch, weil's wieder mal schnell gehen muss, oder genervt vom Job? Vielleicht wirken Sie auch einfach transusig, zerstreut, lassen Kopf und Schultern hängen?
Eines ist sicher: So können Sie Ihrem Pferd keine Sicherheit bieten! So kann es sich nicht auf Sie verlassen. So werden Sie zum potenziellen Gefahrenfaktor für Ihr Pferd! Pferde brauchen ruhige, konsequente Menschen, auf die sie sich immer und überall verlassen können. Nur solche Menschen werden eine hohe Rangposition bei ihrem Pferd einnehmen.

einer anderen Situation sehr wohl und es darf sich keinen Patzer erlauben.

Für ein Pferd, das ja bereits eine gewisse Form von Erziehung in der Herde erfahren hat, das bekannte, immer gleich bleibende Regeln zu seiner Sicherheit benötigt, ist so ein halbranghoher Mensch schwer einzuordnen.

Auf das Pferd wirkt er durch seine unvorhersehbare und unkontrollierbare Handlungsweise unsicher. Und wenn er unsicher ist: Wie soll er sein Pferd dann schützen?

»Heute werde ich die Gefahr erkennen, morgen werde ich sie nicht erkennen.« Das ist die Grundinformation, die der Halbranghohe seinem Pferd durch sein tägliches Verhalten mit auf den Weg gibt. Wo bleibt da das Vertrauen? Bei einem rangniederen Menschen weiß das Pferd: »Der kriegt sowieso nix mit ... Auf den kann ich mich nie verlassen.« Das Pferd bekommt von seinem Rangniederen also die Chance, sich auf seine Weise auf ihn einzustellen und seine Entscheidungen selber zu treffen.

Doch worauf sollte sich ein Pferd bei so einem Halbranghohen einstellen? Es muss sich fühlen wie

links: Das Pferd sieht sich neugierig um und wird gleich seine Entscheidung (loslaufen ja oder nein?) selber treffen. Als Ranghoher verschaffen Sie sich in dieser Situation sofort die Aufmerksamkeit des Pferdes.

bei einem Lotteriespiel: heute ein Treffer, morgen eine Niete. »Heute kann ich mich auf diesen Halbranghohen verlassen, morgen kann ich es nicht ...« Halbranghohe Menschen sind für Pferde unberechenbar; sie verbreiten sozusagen »Halbwahrheiten«.

Stellen Sie sich bitte einmal vor, Sie müssten einen halbschlauen Arzt konsultieren. Sie wissen: 50% seiner Operationen verlaufen ohne Komplikationen; bei den anderen 50% treten Schwierigkeiten auf. Das Wissen um diese Tatsache wird alles bei Ihnen auslösen, aber ganz sicher kein Vertrauen und keine Sicherheit! Das ist mentale Quälerei!

Prozentual möchte ich mich gar nicht festlegen. Es gibt auch die Variante 80% zu 20% oder von mir aus auch 90% zu 10%. Der »neunzigprozentige Halbranghohe« hält sich häufig für das Alpha-Tier und erzählt stolz überall herum: »Also, mein Pferd geht überall mit mir hin. Ich habe keinerlei Schwierigkeiten mit ihm! In unserer Beziehung bin ich der Ranghohe ...« Und irgendjemand sagt plötzlich: »Ach?! – Und was war mit der Brücke, über die dein Pferd letzte Woche nicht mit dir gehen wollte?«

Der »neunzigprozentige Halbranghohe« wird vielleicht etwas abfällig sagen: »Ach so ... ja ... Brücken! Brücken sind so eine Sache. Mit Brücken hat mein Pferd ein Problem!«

Solche »Problemchen« werden dann einfach als »Eigenheit des Pferdes« heruntergespielt und damit dem Pferd zugeschrieben.

Fakt ist aber, dass das Pferd meist kein wirkliches

Etwas zum Nachdenken

Ich glaube, dass wesentlich mehr Pferde unter halbranghohen Menschen leiden, als unter Gewalteinwirkung. Ein Pferd ist aus seiner Sicht 24 Stunden am Tag in Lebensgefahr, deshalb müssen wir ihm die Sicherheit durch einen klaren Rangplatz geben.

Problem mit einer Brücke hat, sondern mit seinem Menschen! Dieser vermittelt ihm nämlich – wodurch auch immer: »Hör zu! Du kannst dich immer und überall auf mich verlassen. Aber nicht, wenn es um das Passieren von Brücken geht ...«

In diesem Zwischenstadium »halbranghoch« kann sich Ihr Pferd also manchmal auf Sie verlassen, manchmal aber auch nicht. Wenn es sich nur manchmal auf Sie verlassen kann, wird es manchmal mit Ihnen an den »pferdefressenden« Müllsäcken vorbeilaufen, manchmal aber auch nicht. Manchmal wird Ihr Pferd flüchten oder seine Angst durch Steigen oder Buckeln äußern, manchmal nicht ...

Das bedeutet für Sie: Immer mal wieder werden Sie mit Ihrem Pferd erfolgreich sein und immer mal wieder eben nicht.

Es ist ein wirklich unguter Zustand für Ihr Pferd und auch für Sie. Das Problem daran ist, dass nur Sie diesen Zustand ändern können. Ihr Pferd trifft keine »Schuld«!

Eine Veränderung ist nur durch ein Umdenken und das Ändern des Verhaltens gegenüber dem Pferd möglich. Manch ein Halbranghoher verwechselt Konsequenz mit Gewalt und versucht sich seinen

Kapitel 3

Etwas zum Nachdenken

Bedenken Sie, wie Ihr Pferd Sie wahrnimmt: Die »echte«, natürliche Rangordnung können Sie u. a. herstellen, indem Sie sich auf die »Denke« des Pferdes einlassen.

Sie sollten sich stets darüber bewusst sein, wie Pferde die »Spezies« der Zweibeiner tatsächlich wahrnehmen.

Wie Sie wissen, sind Pferde mit einer einfachen Denkstruktur ausgestattet. Damit möchte ich natürlich nicht sagen, dass Sie »dumm« sind; trotzdem möchte ich Sie nochmals darauf hinweisen, dass Pferde nicht in der Lage sind, sich auf unsere Denkweise einzustellen. Zur Erinnerung: Pferde denken, fühlen und handeln so wie sie es als Flucht-, Beute- und Herdentiere müssen; nur so können sie ihre Existenz sichern. Sie wissen nicht, dass der

Mensch mit einer anderen Wahrnehmung ausgestattet ist. Und sie wissen ebenfalls nicht, dass Menschen keine Flucht-, Beute- und Herdentiere sind; daher können sie erst recht nicht nachvollziehen, warum wir uns meistens entgegen ihrer Natur verhalten.

Unser Umgang mit diversen Situationen (z. B. wenn aus »pferdischer« Sicht Gefahr droht) ist für das Pferd absolut unverständlich. Anstatt einer drohenden Gefahr aus dem Wege zu gehen oder zu

flüchten, scheinen wir die Gefahrenquelle nicht einmal zu bemerken und bewegen uns zu allem Überfluss auch noch geradewegs darauf zu.

Aus der Sicht der Pferde sind wir wahrscheinlich blinde, gehörlose Zweibeiner oder aber lebensmüde, bizarre Geschöpfe ohne (Pferde-)Verstand, die sich blindlings sämtlichen Gefahren unbedacht ausliefern. Das ist zwar ein wenig schmeichelhaftes Bild von uns Menschen, doch zum Glück nicht unabänderlich. Es liegt an uns, den Pferden täglich zu beweisen, dass wir durchaus vertrauenswürdige Lebewesen sind.

> *Die natürliche Rangordnung besteht aus Respekt und Vertrauen. Das werden Sie nie erreichen, wenn Sie Ihrem Pferd Schmerzen zufügen!*

Rang durch ungerechtfertigte Schläge zu erkämpfen. Wenn sich sein Pferd dann aus Angst unterwirft, hält dieser sich für ranghoch. Damit liegt er falsch!

Die natürliche Rangordnung werden Sie aber ebenfalls nie erreichen, wenn Sie mit Ihrem Pferd »herumtüddeln« wie mit einem Kätzchen.

Be strict – ganz praktisch

»Angst« vor dem Pferd

Mit diesem Thema rühre ich an einem absoluten Tabu – die Angst vor dem eigenen Pferd wird kein Reiter sofort und offen zugeben. Schnell steht man vor den anderen sonst als Schwächling da – auch wenn es denen vielleicht im Stillen manchmal gar nicht anders geht.

Aber immer öfter beobachte ich inzwischen auf meinen Lehrgängen, dass das Thema Angst offen zur Sprache kommt. Das heißt nicht, dass die Reiter nun im Umgang mit ihrem Pferd ängstlicher geworden sind, sondern das Thema Angst hat nun die Tabu-Ecke verlassen und wir müssen uns ihm endlich stellen. Dabei ist nicht die Angst an sich das Problem, sondern die Art und Weise, wie wir damit

umgehen. Denn gerade im Zusammensein mit unseren Pferden versuchen wir, unsere Ängste zu ignorieren, oder schlimmer noch, wir versuchen, uns gegen die Absichten von 600 Kilogramm Lebendmasse zu wappnen, indem wir uns in unserer »Rüstkammer« (Sattelkammer) entsprechend eindecken. Schließlich haben wir ja jahrelang gelernt, dass wir das Pferd »beherrschen« oder gar »dominieren« müssen. Dabei sind Pferde als ausgesprochen soziale Herdentiere von Natur aus immer auf Kooperation ausgerichtet – anders würde das erfolgreiche Zusammenleben einer Herde ja auch gar nicht funktionieren.

Die in diesem Buch vorgestellte Positionsarbeit am Pferd bietet zunächst eine solide Basis für einen gegenseitig vertrauensvollen Umgang mit unserem Sport- und Freizeitpartner Pferd. Aber diese Positionsarbeit funktioniert nur dann, wenn hinter der Position auch die klare Absicht des Führen-Wollens steht. Viele Reiter sind sich der vollen Bedeutung ihrer Aufgabe als Anführer ihres Pferdes im Alltag oft gar nicht richtig bewusst. Gönnen Sie sich den Spaß und beobachten Sie am Rand einer Reitstunde mal das Verhalten und die Beziehung der anderen Reiter zu ihren Pferden. Es hilft manchmal schon viel, wenn man die eigenen Fehler bei anderen wiederentdeckt – was nicht heißt, dass das eigene Verhalten und die eigene Einstellung zum Pferd dadurch richtiger werden – im Gegenteil. Aber es öffnet einem die Augen, wenn man feststellt, dass man mit seinen Ängsten und den daraus sich

Vertrauen gegen Vertrauen. Jedes Pferd lässt sich ohne viel Hilfsmittel kontrollieren, wenn der Reiter genaue Vorgaben macht und dem Pferd Sicherheit vermittelt.

ergebenden Problemen in Wahrheit gar nicht so allein dasteht, wie man bisher vielleicht geglaubt hat.

Und glauben Sie mir – es haben viel mehr Menschen »Manschetten« vor ihrem Pferd, als ihnen selber im Moment vielleicht klar ist. Und das Ganze hat ja eigentlich auch nichts mit Feigheit zu tun. Immerhin machen wir unsere Gesundheit und Unversehrtheit von einem Wesen abhängig, das uns im Ernstfall kräftemäßig haushoch überlegen ist – vom Grundgedanken her also nicht unbedingt beruhigend. Und die Unfallstatistiken sprechen ja auch eine deutliche Sprache: Reiten und Pferdesport im Allgemeinen gehört zu den unfallträchtigsten Freizeitsportarten, zudem mit den schlimmsten Verletzungen. Wie viele Reiter haben ungewollt Draht, Blech oder Schrauben in ihren Knochen – vergleichen Sie das mal mit Joggen oder Mountainbiking.

Kommen wir auf das Problem zurück, wie Sie mit der Angst beim Umgang mit Ihrem Pferd umgehen sollen. Um es vorweg klarzustellen – schauspielern hilft nicht. Pferde sind »Muskelleser«, sie sehen und spüren die kleinste Anspannung der Muskeln ihres Gegenübers, was in der Kommunikation innerhalb einer Pferdeherde ja auch durchaus sinnvoll ist. Sich mit einer unbewusst vor Angst verspannten Muskulatur und Mimik vor das Pferd zu stellen und dem Pferd signalisieren zu wollen: »Ich bin dein Boss, und ich habe auch keine Angst vor dir«, funktioniert also nicht – das Pferd durchschaut unser Possenspiel sofort und verhält sich dementsprechend. Und schon setzt die Schraube des Gegeneinanders ein – je »dreister« sich das Pferd verhält, desto mehr Angst bekommt der Reiter, desto mehr muss sich das Pferd auf sich selber verlassen und immer so fort, bis schließlich gar nichts mehr geht.

Überwiegen also die Bedenken im Umgang mit dem eigenen oder dem Pflegepferd, sollten Sie vor allem an eines denken: Seien Sie authentisch. Alles andere ist unnütze Schauspielerei und Sie verschwenden nur wertvolle Zeit. Die zweite wichtige Voraussetzung ist es, seinen Bezug zum Pferd ganz selbstkritisch zu überdenken. Es nützt nichts, in einem passenden Moment »Härte« gegen Ihr Pferd an den Tag legen zu wollen, wenn Sie danach zwei Tage nicht schlafen können, weil Sie Gewissensbisse haben, Ihr Pferd vielleicht zu hart angefasst zu haben – glauben Sie mir: So hart, wie Pferde untereinander in einer funktionierenden Herde miteinander umgehen, können Sie ohne »Bewaffnung« gar nicht handeln. Anders sieht es natürlich aus, wenn Sie sich vorher in der »Rüstkammer« mit Sporen, Gerte, scharfen Gebissen und anderen »Hilfsmitteln« eingedeckt haben. Denn von der Hebelwirkung eines entsprechenden Gebisses wird irgendwann jedes Pferd ausgehebelt. Aber Gewalt fängt bekanntlich da an, wo das Wissen aufhört. Oder würden Sie unter Zwang und Schmerzen wirklich begreifen und am Ende gar lernen, dass Sie Ihrem Peiniger tatsächlich und in jeder Lage vertrauen können? Und auch hierbei bleibt der Mensch der Verlierer – »der Klügere gibt nach«, heißt es. Aber der Klügere ist in diesem Falle Ihr Pferd: Es gibt zwar für den Moment nach, aber eine Lektion wirklich angenommen oder gar gelernt hat es deswegen noch lange nicht. Ein erster Schritt ist es also, ehrlich sich selbst gegenüber die »fürchterlichen« Aspekte im Umgang mit Ihrem Pferd einmal für sich herauszustellen und sie auf ihren tatsächlichen Wahrheitsgehalt hin zu überprüfen. Vieles ist eine »Self Fulfilling Prophecy«: Wenn ich der festen Überzeugung bin, im nächsten Moment tritt mir das Pferd auf den Fuß, dann wird es das

Kapitel 3

auch irgendwann fast zwangsläufig auch tun. Ich habe eine Kursteilnehmerin gehabt, die schon allein durch ihre Körperhaltung nicht nur dem Pferd, sondern selbst dem ungeübtesten Beobachter signalisierte: »Ich habe Angst vor meinem Pferd.« Diese Angst war eigentlich völlig unbegründet: Sie stützte sich auf »Berichte« der Stallkollegen, wie schrecklich sich das Pferd benimmt, wenn die Besitzerin gerade nicht am Stall ist – schlagen, durchgehen und das ganze Programm rauf und runter. Dabei war dieses Pferd ein echtes und sogar sehr einfach gestricktes Herzchen, das lediglich deutlich gesagt bekommen wollte, wo es langgeht – es hat ihm leider nur niemand gesagt. Muss ich mich dann darüber wundern, wenn das Pferd, aus lauter Furcht um seine eigene Sicherheit, die Sache selber in die Hand nimmt? Kommen Sie nach reiflicher, ehrlicher Überlegung zum Schluss, dass Sie alleine nicht weiterkommen, bleibt kein anderer Ausweg, als sich professionelle Hilfe zu suchen. Der gut gemeinte Rat von Stallkollegen nützt in diesem Falle wenig, weil Ihr Umfeld ja genauso befangen ist wie Sie selber – man »kennt« Sie, man meint, Ihr Pferd zu »kennen«.

Der Entschluss, sich professioneller Hilfe anzuvertrauen, zeugt übrigens von viel mehr Stärke und innerer Überzeugung als das Herumeiern auf der Basis des »du musst mal dies versuchen« oder »mir hat jenes ganz toll geholfen«. Gehen Sie bei der Arbeit am und mit Ihrem Pferd Ihren ganz eigenen Weg – es ist schließlich Ihre Freizeit und Ihr Pferd, um die es hier geht.

Liebe und andere Missverständnisse

Stolpersteine auf dem Weg zum guten Horseman

Wenn Sie die letzten Seiten aufmerksam gelesen haben, werden Sie sich (hoffentlich) nicht weiter damit zufriedengeben, bei Ihrem Pferd den Status des Halbranghohen oder des Rangniederen einzunehmen. Zum Wohlbefinden Ihres Pferdes ist es notwendig, dass Sie die Position des ranghohen »Alphas« erreichen!

Es gibt eine ganze Reihe »technischer« Tricks und Tipps, wie Sie im Alltag die natürliche Rangordnung erhalten können. Allerdings ist jede – noch so gute – »Technik« für die Katz, wenn Ihnen die innere Bereitschaft fehlt, diese »Technik« wirksam anzuwenden. »Be strict!« hat nichts mit physischer Gewalt und Brutalität zu tun. Beides hat beim Umgang mit Pferden nichts zu suchen und wird von mir niemals befürwortet werden!

Obwohl sich dies erst einmal sehr einfach anhört, sind viele Menschen früher oder später an einem Punkt angelangt, an dem Schwierigkeiten auftreten. Meistens liegt es daran, dass ihnen im Rahmen

> *»Be strict!« bedeutet: bestimmtes, sicheres Auftreten, gepaart mit Güte, mit dem Ziel, dem Pferd etwas beizubringen bzw. die ranghohe Position zu erreichen und aufrecht zu erhalten.*

des Verhaltens gegenüber den Pferden plötzlich die eigenen (allzu menschlichen) Gefühle im Wege stehen. Oder es liegt daran, dass »Mensch« eingeholt wird von den – sich seit Jahren hartnäckig haltenden – Klischees, die das Verständnis fürs Pferd zerstören und damit erfolgreiches Arbeiten zum Scheitern verurteilen.

Spätestens wenn die »rosarote« Brille den Blick für das Wesentliche versperrt, sind die Schwierigkeiten vorprogrammiert. »Liebe« im Sinne menschlicher Gefühle existiert für Ihr Pferd nicht. Ihr Pferd »liebt« Sie nicht, weil Sie so nett zu ihm sind. Wenn Pferde überhaupt auch nur annähernd solch ein starkes Gefühl entwickeln können, dann lassen Sie es mich lieber so formulieren: Ihr Pferd wird sich zu Ihnen hingezogen fühlen und Vertrauen entwickeln, wenn Sie ihm Sicherheit bieten.

Es ist oft zu sehen, wie Pferde über alle Maßen »betüddelt« werden. Da wird gedankenlos geknuddelt, getätschelt und geschmust – einfach, weil es uns gerade so überfällt und der »Dicke« just in diesem Moment ach so drollig dreinschaut. Sicher ist der Ausdruck Ihres Gefühls in diesem Augenblick eine gut gemeinte Geste. Aber leider völlig uneffektiv. Für die Erziehung Ihres Pferdes können diese unbedachten, spontanen Liebesbeweise Ihrerseits sogar unerwünschte Folgen haben.

Denn: Knuddeln, streicheln, schmusen bedeuten für Ihr Pferd: »Hey, ich hab was gut gemacht!«

Und nun überlegen Sie mal: Was hat es denn gut gemacht, wenn es einfach nur dasteht und Sie aus großen Augen anblinzelt?! – Also bitte: Werfen Sie Ihre »rosarote Brille« getrost über Bord. Ihr Pferd wird es Ihnen nicht übel nehmen, wenn Sie es nicht ständig streicheln, sondern es Ihnen danken!

Genau an dieser Stelle höre ich den empörten Aufschrei vieler pferdebegeisterter Menschen, zu denen Sie sicher gehören.

Es darf geschmust werden!

Glauben Sie mir: Auch »Profis« schmusen mit ihren Pferden; doch wenn sie knuddeln, dann wird daraus keine stundenlange Aktion, sondern nur ein kurzer Zuneigungsbeweis.

Entscheidend ist, dass der Mensch bestimmt, wann es genug ist. Das heißt: Nach den Streicheleinheiten wird das Pferd wieder weggeschickt (wenn es sein muss, sogar mit Nachdruck) – und dann ist Schluss mit dem Sozialkontakt!

Diese Sprache versteht Ihr Pferd, denn so ist das »Spiel« auch in der Herde: Nur der Ranghöhere beginnt mit der Fellpflege und er ist auch derjenige, der entscheidet, wann dieser Kontakt beendet wird!

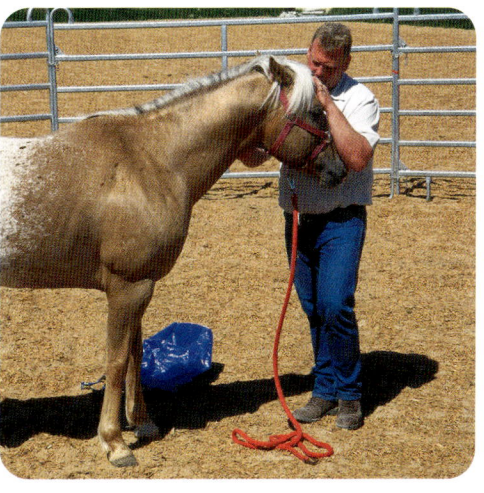

Ein Pferd, welches die Führung übernimmt, ist gefährlich für den Menschen.
Es fühlt sich normalerweise auch gar nicht wohl in dieser Führungsrolle.

»Ja, spinnt der Geitner?!«, höre ich Sie rufen. »Ich mag mein Pferd schließlich, und das möchte ich ihm von Zeit zu Zeit auch einmal zeigen!«

Ebenso verhält es sich mit gefühlsmäßigen Unterstellungen anderer Art: Wenn Sie Ihr Pferd in unkontrollierten Augenblicken aus Wut, Angst oder Enttäuschung anbrüllen oder aus lauter Verzweiflung über eine gescheiterte Trainingseinheit fast in Tränen ausbrechen, wird Ihnen das wenig helfen. Denn auch den Charakterzug »Mitleid« können Sie bei Ihrem Pferd mit der Laterne suchen! Ihr Pferd wird dann sicher nicht aus Mitleid mit Ihren Gefühlen seine Lektionen bei der Wiederholung für Sie besser machen.

Denken Sie an das Beispiel mit unserem Fohlen, das seelenruhig in der trockenen Hütte stand und dabei zusah, wie seine Mutter draußen nass wurde ... Im umgekehrten Fall laufen wir Menschen ebenfalls manchmal Gefahr, unangebrachtes Mitleid zu zeigen, das keinem Pferd dieser Welt weiterhilft. Ich spreche da aus eigener Erfahrung, denn etwas Ähnliches ist mir mit unserem kleinen Welsh-A-Pony Shorty passiert.

Wir haben Shorty vor ca. vier Jahren gekauft. Unserer Meinung nach ist die Ursache für Shorty's devotes Verhalten gegenüber den Menschen darin zu suchen, dass er prägende schlechte Erfahrungen mit ihnen gemacht hatte.

Von meinen sechs eigenen Pferden war er immer derjenige, mit dem am wenigsten gearbeitet wurde. Nicht zuletzt, weil wir den Gedanken hatten: »Der arme, kleine Kerl hat so viel Schlechtes erlebt. Wir lassen ihn besser in Ruhe ...!«

Dieser Mitleidsgedanke war, wie sich später herausstellen sollte, falsch!

Shorty legte damals jeden Tag eine Strecke von ca. 40 bis 50 m zurück, nämlich den Weg von seiner Box in den Offenstall. Seit vier Jahren lief er diese Strecke immer ganz alleine. Das heißt die Boxentüre wurde geöffnet, Shorty verließ seine Box und marschierte in Richtung Offenstall. Der Offenstall wurde geschlossen und das Gleiche lief umgekehrt in dergleichen Weise ab.

Schließlich ergab es sich, dass wir in einen neuen Stall umziehen wollten, wo die Pferde aufgrund äußerer Umstände den Weg zur Koppel nicht alleine zurücklegen konnten. Sie mussten zur Weide geführt werden; also entschloss ich mich vor dem Umzug, Shorty wieder ein Halfter anzulegen und ihn zur Übung schon im alten Stall ein paar Mal zur Weide zu führen. Abgesehen davon, dass der Kleine sich zunächst gar nicht aufhalftern lassen wollte, zitterte er plötzlich vor lauter Angst am ganzen Leib, weil er diese – seit Jahren bekannte – Strecke mit einer Person zurücklegen musste, die sich nie durch gezieltes Arbeiten die Mühe gemacht hatte, dem kleinen Kerl zu beweisen, dass er ihr vertrauen konnte.

Diese Geschichte zeigt uns zum einen, wie sensibel Pferde auf veränderte Situationen reagieren. Zum anderen (und das ist das wirklich Entscheidende) bestärkte mich dieser Vorfall in meiner Meinung, dass Sicherheit und Vertrauen nur gewährleistet werden können, wenn der Mensch ranghoch ist. Da ich mir jedoch – aus falschem Mitleid – nie die Mühe gemacht hatte, Shorty begreiflich zu machen, dass ich eine Person bin, der er vertrauen kann, war er in dieser Situation mit all ihren Unsicherheitsfaktoren hoffnungslos überfordert.

Schluss mit »faulen« Ausreden

Das Beispiel macht uns auch klar, dass es nicht wichtig ist, in der Vergangenheit eines Pferdes, das

Kapitel 3

sich auffällig benimmt, herumzukramen. Anstatt nach Ursachen zu suchen oder in (falschem) Mitleid zu schwelgen, sollte man besser positiv in die Zukunft schauen und sich vergegenwärtigen: Ab sofort beginnt für dieses Pferd ein neues Leben ohne schlechte Erfahrungen. Das ist die beste Chance, die man solch einem »armen« Pferd bieten kann: Es nicht aus falscher Rücksichtnahme »schonen«, sondern ihm beweisen: »Hey, ich weiß, du hast nicht die beste Meinung von Menschen, aber es gibt auch solche, denen du vertrauen kannst!« Das ist der richtige Weg und das richtige Verständnis!

Wert- und Normvorstellungen, die moralische Prinzipien umfassen, sind für Pferde nicht existent! Moral, Gewissensbildung, Vernunft ... all das gibt es in der Pferdewelt nicht!

Um so etwas wie eine moralische Vorstellung und im Zuge dessen auch eine Art von Gewissensbildung zu entwickeln, sind hohe geistige Fähigkeiten gefordert, die den Pferden fehlen. Menschen sind dazu in der Lage, weil sie zwischen »gut« und »schlecht« unterscheiden können. Das heißt aufgrund unserer differenzierten Wahrnehmungsfähigkeit können wir Situationen nach moralischen Gesichtspunkten als »richtig« oder »falsch« bewerten. Pferden fehlt die Fähigkeit der Bewertung nach moralischen Aspekten. Aus ihrer Sicht machen sie alles richtig.

Hören Sie damit auf, die Fehler beim Pferd zu suchen! Pferde machen ihre Fehler sicher nicht bewusst. Schon gar nicht, weil sie ihre Reiter ärgern wollen.

Im Klartext heißt das: Pferde reagieren auf das, was wir ihnen beibringen; sie lernen durch Versuch und Irrtum. Wenn der daraus resultierende Lerneffekt nicht mit unseren Vorstellungen übereinstimmt, dann ist der Fehler nicht beim Pferd, sondern beim Menschen zu suchen.

Denn: Ein Pferd, das sich widersetzt, hat entweder nichts verstanden (weil unsere Signale nicht klar waren), fühlt sich bedroht (z. B. wegen Überforderung) oder es hat Angst und/oder Schmerzen.

Wer dem Pferd die Fähigkeit, »veräppeln« zu können, zuschustert, lenkt im Grunde genommen nur von seinem eigenen Unvermögen ab.

Wollten Pferde uns wirklich veräppeln, wäre ein Vorausdenken (z. B. durch den Gedankengang »Was wäre wenn ...«) von Nöten. Wer nicht vorausdenken kann, kann nur reagieren. Logisches bzw. schlussfolgerndes Denken ist wie schöpferisches, kreatives Denken eine Eigenschaft, die nur höher entwickelte Spezies entwickeln können.

Jede ungerechtfertigte Strafe bestärkt das Pferd in seiner Angst und in seinem (für uns oft unangenehmen) Verhalten!

> *Ein Pferd macht aus seiner Sicht alles richtig und zwar immer. Wir machen die Fehler, weil wir uns nicht klar ausdrücken, was wir von unserem Pferd wollen oder nicht.*

> *Kein (!) Pferd kann einen Menschen bewusst veräppeln! Sie machen ihre Fehler auch nicht bewusst! Sie reagieren auf Gelerntes bzw. nicht Gelerntes!*
>
> *Strafen Sie deshalb nie, weil Sie glauben, Ihr Pferd veräppelt Sie!*

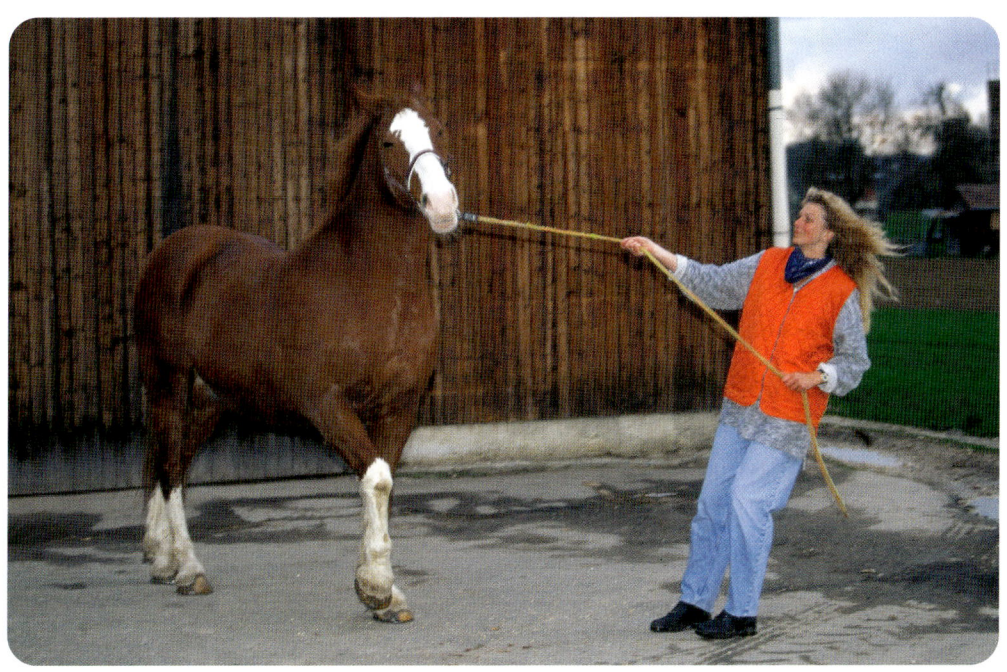

Dieses Pferd hat nicht gelernt, dass der Mensch derjenige ist, der die Kommandos gibt. Lässt man sich auf physische »Diskussionen« mit dem Pferd ein, so wird man als Mensch immer unterlegen sein.

Zwangsläufig entsteht so eine Spirale, aus der es kein Entrinnen gibt, wenn der Mensch nicht seine Denkweise verändert.

Die Unterstellung, Pferde könnten uns veräppeln, ist recht verbreitet. Doch es gibt darüber hinaus noch eine ganze Reihe von missverständlichen Aussagen, die eine »echte« Zusammenarbeit mit Pferden verhindern können.

Seien Sie ganz ehrlich; wie oft haben Sie das schon gehört (oder sogar selbst ausgesprochen)?

- Der Bock simuliert!
- Der Bock will nicht!
- Der Bock ist zu doof, um einen Eimer Wasser umzustoßen!

Es gibt auch die »nette« Variante:

- Mein Pferd ist unheimlich stolz!
- Mein Pferd ist wahnsinnig mutig!
- Mein Pferd ist eitel!
- Mein Pferd ist ein richtiger Clown!

Sorry. Aber auch das sind Unterstellungen und falsche Interpretationen, die entstehen, wenn Sie (noch) zu menschliche Ansichten vertreten.

Kritisch betrachtet zeugen Äußerungen dieser Art sogar von wenig Respekt gegenüber dem Lebewesen Pferd.

Eitelkeit, Mut, Stolz und Witz (die Liste ließe sich beliebig erweitern) sind ebenfalls Eigenschaften, die nur höher entwickelte, nach außen orientierte Wesen an den Tag legen können. Wir zeigen solche Eigenschaften, wenn wir etwas Bestimmtes erreichen wollen (z. B. Anerkennung). Es geht also da-

Kapitel 3

rum, eine Absicht zu entwickeln, mit der wir ein zuvor definiertes Ziel erreichen wollen.

Pferde haben kein »Ziel« (außer vielleicht das Ziel zu überleben) und sie wollen auch nichts bei uns erreichen (abgesehen von dem Erlangen ihrer Sicherheit – und das noch nicht einmal bewusst). Wenn ein Hengst sich vor seiner Stutenherde »aufbaut« und deutliches Imponiergehabe zeigt, dann ist er deshalb noch lange nicht »stolz«. Er folgt nur seinen genetisch festgelegten Instinkten, in diesem Fall seinem Fortpflanzungstrieb. Die Denkweise der Pferde ist wie ihre Sprache: Klar, einfach und absolut ehrlich. Sie denken nicht um Ecken, konstruieren keine Rachefeldzüge gegen den Menschen und sie können uns auch keins »auswischen«.

Problempferde – was sind das?

Unterstellungen, wie ich sie eben angesprochen habe, führen unweigerlich dazu, den Pferden allzu schnell den Stempel »Problempferd« aufzudrücken Doch was sind so genannte »Problempferde«? Gibt es die überhaupt? Nach meiner Auffassung sind Problempferde jene Pferde, die den Reitern oder Besitzern Probleme machen. Gerne werden steigende, buckelnde, durchgehende, nicht zu verladende Pferde als solche bezeichnet.

Meiner Meinung nach sind Problempferde in der Regel Pferde, die ihre Entscheidungen selbst treffen. Denn einem Pferd, dem der »Führer« fehlt, bleibt letztendlich nichts anderes übrig, als selbstständig nach Lösungen zu suchen. Ist ein Pferd Ihnen also rangmäßig überlegen, wird es seine Entscheidungen selbst treffen – unter dem Einsatz

> *Ein Beispiel zum Nachdenken*
>
> *Ein Pferd geht im Gelände durch. Der Auslöser dafür ist Angst und Unsicherheit.*
>
> *Der Mensch geht hin und versucht, das Pferd zurückzuhalten. Dabei zieht er mit all seiner Kraft an den Zügeln und verursacht dadurch einen Schmerz im Pferdemaul, der das Pferd in seiner Angst noch mehr bestärkt.*
>
> *Und schon sind wir wieder bei der Rangordnung: Der vermeintliche ranghohe Mensch versucht sein Pferd zu »schützen«, indem er ihm Schmerzen zufügt ...*
>
> *Na, wenn das kein Widerspruch für das Pferd ist ...!*

seiner gewaltigen Kraft und oft mit verheerenden Folgen.

Viele Pferdebesitzer machen den Fehler, ihr Problem mit dem Pferd isoliert zu betrachten. Sie sagen mir: »Mein Pferd buckelt«, »Mein Pferd steigt«, »Mein Pferd lässt sich nicht verladen« usw. Und am Ende steht immer die Frage: »Was kann ich dagegen tun?«

> *Ein Pferd wird dann zum »Problempferd«, wenn ihm der Führer fehlt!*

Dieses Pferd interessiert sich nicht für seinen Reiter; es schenkt ihm keine Aufmerksamkeit.

Dieses Pferd hat ein Ohr Richtung Reiter gestellt und wartet auf Anweisungen.

Die Antwort ist: Solange keine organischen (z. B. Rückenschmerzen) oder sonstige äußere Umstände (z. B. ein schlecht sitzender Sattel) Gründe für das Übel sind, ist der Kern der Problematik fast immer in der Rangordnung – also im fehlenden Sicherheitsgefüge – zu finden.

Buckeln, Steigen und andere »Unarten« sind meist auf Unsicherheit zurückzuführen. Das Pferd wehrt sich gegen die bedrohliche Situation und wählt dabei das Mittel aus, mit dessen Hilfe es am schnellsten in Ruhe gelassen wird; das gilt auch für Pferde, die schlagen, beißen usw.

Die Leute unterschätzen die Wichtigkeit einer klaren Rangordnung. Sie sehen nur: Mein Pferd buckelt; wie kann ich das abstellen? Mein Pferd steigt; wie bleibt es auf dem Teppich?

Die Lösung für all diese Probleme lautet: »Be strict!« Werden Sie konsequent! Immer! Überall! Sie allein haben es in der Hand, ob Ihr Pferd es nötig hat, seine Entscheidungen selbst zu treffen! Mit »Be strict!« erhalten Sie die angestrebte, hohe Rangposition und werden ein Pferd haben, das auf Sie achtet, das Sie respektiert und Ihnen vertraut!

Kapitel 3

Der Ansatz zum Steigen bei einer Verweigerung.

Be strict – ganz praktisch

Steigen, Schlagen, Beißen

Steigen

Man sieht es immer wieder, vor allem in extremen Situationen: Fühlt sich ein Pferd in die Ecke gedrängt, versucht es, durch Steigen dieser Bedrohung zu entkommen. Um diese Aussage zu untermauern, beobachten Sie mal bei einem Springturnier, wie viele Pferde beim Verweigern eines Sprungs steigen.

In dieser für Pferd und Reiter sehr angespannten Turniersituation passiert Folgendes: Der Reiter steht unter Anspannung, denn er möchte natürlich einen guten Ritt »hinlegen« und möglichst gewinnen. Prüfungssituationen bewirken letztendlich immer Stress. Das Fatale: Das Pferd merkt, dass sein Reiter, der ihm ja eigentlich Sicherheit geben soll, angespannt ist. Also schließt das Pferd daraus, dass Gefahr im Verzug ist. Wenn dann dem Reiter auch noch ein Fehler passiert, wenn er vielleicht den Absprung für sein Pferd nicht richtig findet, ist es mit dem Sicherheitsgefühl

Überprüfen Sie bei einem Steiger, ob der Sattel passt.

dezu zu Zweibeinern und kommen gar nicht mehr auf ihren vier Beinen zu stehen. Wie dem auch sei – Steigen ist für den Mensch natürlich immer gefährlich, sei es nun aus Panik, Angst, Furcht oder übermäßigem Spieltrieb. Wichtigste Regel in einer solchen Situation: Ruhe bewahren und gelassen bleiben. Ist das Pferd wieder auf allen Vieren gelandet, bitte sofort weitergehen. Damit signalisieren Sie Ihrem Pferd: »Es nützt gar nichts, wenn du versuchst, mich einzuschüchtern, ich führe (!) dich trotzdem dahin, wohin ich dich haben will.«

So gefährlich, wie ein steigendes Pferd ist, zeigt es damit ganz deutlich und unmissverständlich, dass die Frage der Rangfolge zwischen Pferd und Mensch noch nicht eindeutig geklärt ist. Nutzen Sie diese Reaktion auch, um darüber nachzudenken, wie Ihr Pferd Sie wahrnimmt. Denn anders als andere, subtilere Verhaltensweisen ist das Steigen wenigstens eine ehrliche Reaktion auf ein unklares Rangordnungsverhalten.

des Pferdes endgültig aus. Es übernimmt dann selber die Führung und versucht, durch Steigen seinen Reiter loszuwerden, um derart »erleichtert« schneller flüchten zu können.

Hat sich dieses Verhaltensmuster erst einmal im Pferdehirn eingebrannt, versucht das Pferd auch in anderen Situationen, in denen ihm irgendetwas »gegen den Strich geht«, sich aus dieser Situation zu befreien. Außerdem ist Steigen ein ganz natürliches Element der Pferdesprache: Beobachten Sie mal junge Hengste auf der Weide – manche mutieren in ihrem Spieltrieb gera-

Schlagen

Noch gefährlicher als ein steigendes Pferd ist ein Pferd, das gezielt nach dem Menschen tritt und ausschlägt. Ich habe Pferde kennen gelernt, die sich nicht mehr anders zu helfen gewusst haben, als gezielt nach allen möglichen Menschen, die Umgang mit ihnen hatten, zu schlagen. Solche Pferde handeln nach ihrem Verständnis immer in letzter Konsequenz. Denn für das Pferd passiert ja Folgendes: Es sucht, fin-

Kapitel 3

Unkontrolliertes Steigen ist gefährlich.

halten des gezielten Schlagens nur die Spitze eines Eisberges aus gegenseitigem Nicht-Verstehen. Der Weg zu solch einem Verhalten ist gepflastert mit Missverständnissen, und oft gilt leider für den Mensch im Umgang mit seinem Pferd: Wo das Wissen endet, beginnt die Gewalt.

Um es vorwegzunehmen: Pferde, die gezielt nach ihrem Reiter treten, gehören letztendlich in die Hand eines erfahrenen Pferdetrainers. Versuchen Sie bitte deshalb nicht zu lange, sich auf irgendwelche »Machtkämpfe« einzulassen, die der Mensch sowieso immer verliert. Ein erster Schritt, mit einem schlagenden Pferd umzugehen, ist die ehrliche Frage und Antwort an sich selbst, ob man mit diesem Pferd weiterhin umgehen und es reiten möchte. Ich habe es so oft erlebt, dass Reiter sich übermäßig lange mit gefährlichen Situationen und der eigenen Angst vor ihrem Pferd herumgequält haben, bis das Pferd vollends unberechenbar wurde.

Damit es gar nicht so weit kommt, kann man versuchen, mit gezielten Positionsübungen aus der Dual-Aktivierung die eigene Position dem Pferd gegenüber aufzubauen, um ihm Vertrauen in das eigene Handeln zu ermöglichen. Das geht aber nur, wenn Sie ehrlich und angstfrei mit Ihrem Pferd arbeiten (siehe »Angst vor dem Pferd«, S.63) – alles andere ist zwecklos. Bedenken Sie, dass das gezielte, böswillige Schlagen immer das Resultat eines erlernten, bis zur Übertreibung gesteigerten Flucht- und Übersprungsverhaltens ist.

det aber unter den Menschen keinen, auf den es sich verlassen kann. Es ist somit selber für seine eigene Sicherheit verantwortlich. Bedenken Sie bitte, was für ein ungeheurer Druck so etwas für ein Tier ist, das genau weiß, dass die Herde sein einziger wirklicher Schutz vor dem Puma ist!

Ursachen und Gründe, warum ein Pferd in der »Menschenherde« keinen Schutz findet, gibt es viele, und oft ist dieses Ver-

▬▬ Beißen

Wenn Sie Ihr Pferd nicht aus der Hand füttern können, ohne nachher Ihre Finger nachzählen zu müssen, wird es an der Zeit, daran zu arbeiten. Schnappen und Zwicken muss bereits im jüngsten Fohlenalter unterbunden werden. Später ist es sehr schwer, dem Pferd dieses Verhalten abzugewöhnen. Ständiges Schlagen und »Eins-auf-die-Nüstern-Geben« nützt gar nichts und macht nur das Pferd kopfscheu – und Sie haben dann ein Problem mehr.

Wenn Sie wissen, in welchen Situationen Ihr Pferd schnappt, seien Sie auf der Hut und ahnen Sie voraus, wann Ihr Pferd wieder »zufassen« will. Die Konsequenz, z.B. ein lautes, deutliches »Nein!«, muss einen Sekundenbruchteil vorher kommen, bevor das Pferd sich zu seiner Aktion entschließt. Schauen Sie dann Ihrem Pferd solange gezielt in die Augen, bis Sie sich sicher sind, dass fürs Erste eine »Beißpause« eingelegt wird. Ihre Reaktion muss sehr deutlich kommen – ein lediglich unwirsch genuscheltes »lass das« wird nichts helfen. Signalisieren Sie Ihrem Pferd auch mit Ihrer Körperhaltung, dass Sie es in jedem Moment Ihres Zusammenseins unter Kontrolle haben. Das ist unter Pferden ein ganz natürliches Verhalten und hat überhaupt nichts mit übertriebenem Kontrollzwang zu tun, wie Sie jetzt vielleicht meinen.

Nutzen Sie dieses Verhalten auch einmal, um sich zu überlegen, was in Ihrer Beziehung Pferd-Mensch möglicherweise schief läuft. Denn Pferde kündigen ihr Verhalten oft lange vorher an, bevor sie schließlich

Alarmzeichen: Das Pferd macht den Rücken fest und könnte demnächst explodieren.

zum »Zugriff« übergehen. Analysieren Sie zu Übungszwecken auch das Verhalten anderer Pferde im Stall: Wann werden Artgenossen z.B. vom Futter weggebissen, wie verhält sich Ihr Pferd vor der Attacke (Ohrenanlegen, Kruppe zudrehen usw.), wie kündigt es sein Verhalten seinen Artgenossen gegenüber an und vieles mehr. Geben Sie Ihrem Pferd also Gelegenheit, Ihnen zu »sagen«, woran es liegt und wo es klemmt.

Kapitel 3

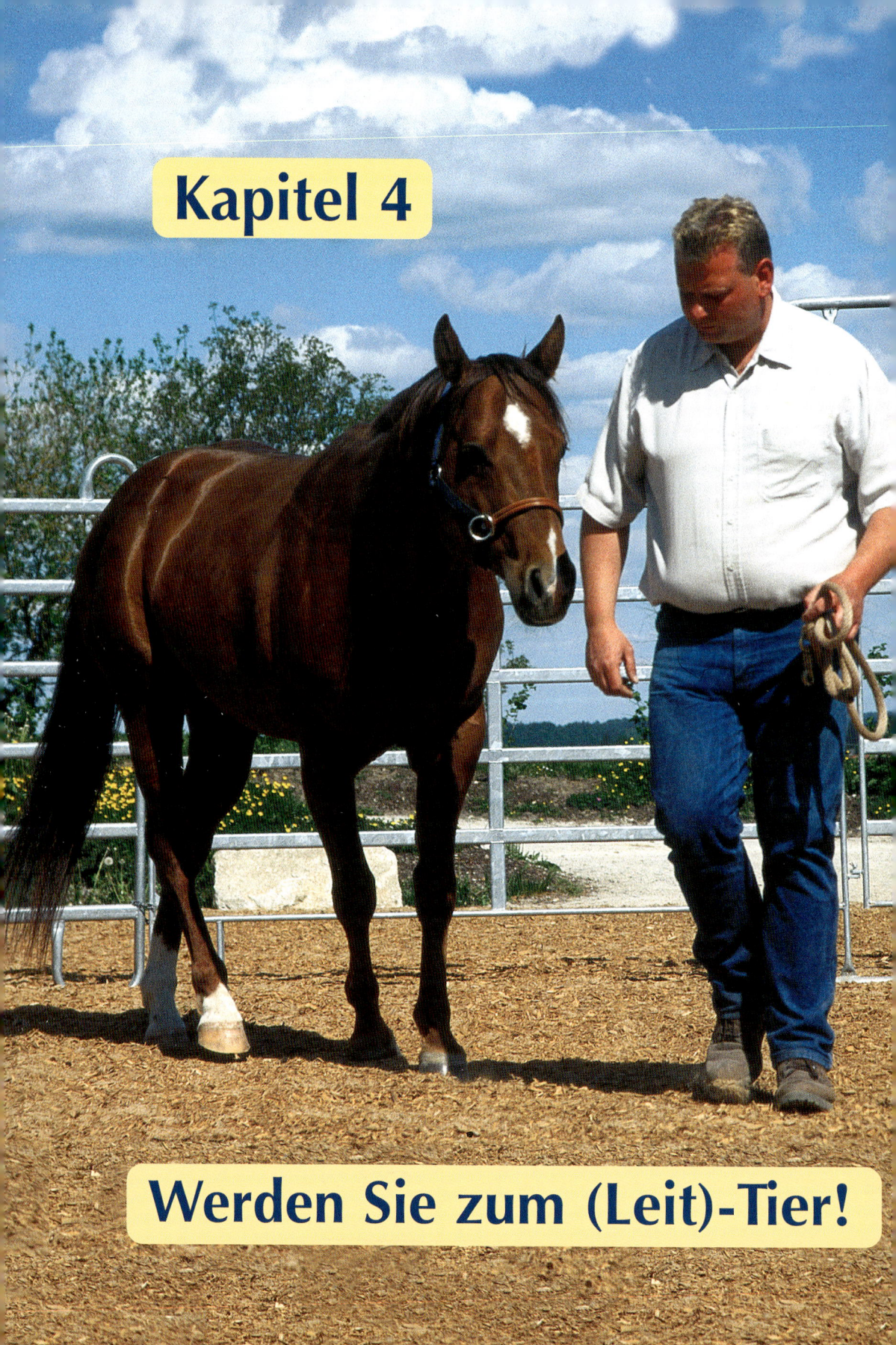

Kapitel 4

Werden Sie zum (Leit)-Tier!

»Be strict!« – Erziehung im Sinne des Pferdes

»Be strict!« verfolgt das Ziel, im Alltag die »echte«, d. h. die natürliche Rangordnung herzustellen und zu erhalten. Dabei machen Sie sich einfache Herdenstrukturen zu Nutze.

Bei nahezu allen auftretenden Problemen (sowohl am Boden als auch beim Reiten) ist die Ursache wie gesagt in der noch ungeklärten Rangposition zwischen Pferd und Mensch zu suchen. Ein Pferd, das in seinem Menschen den Ranghöheren gefunden hat, ist mit Sicherheit das gewünschte Verlasspferd! Es gibt – wenn die Rangfolge geklärt ist – keinen Grund mehr für das Pferd, bei jeder Gelegenheit zu flüchten oder sich aus Angst und/oder Unbehagen zu widersetzen. Jedes schlaue (das ist für mich das aufmerksame und wachsame) Pferd, kann nur so verlässlich sein, wie der Mensch, der mit ihm umgeht! Je niedriger der Mensch von seinem Pferd in der Zweiergemeinschaft eingestuft wird, desto größer ist die Wahrscheinlichkeit, dass unerwünschte Verhaltensweisen wie Überholen beim Führen, Umrennen, Anrempeln, Durchgehen, Steigen usw. auftreten. Alles Verhaltensweisen, die zeigen, dass das Pferd nicht auf seinen Menschen achtet.

bin ich bei diesen »brenzligen« Situationen einzuordnen? Wie verhalte ich mich? Strahle ich Sicherheit aus? Oder verunsichere ich mein Pferd durch mein Verhalten noch mehr?

Jetzt heißt es zurück zur Basisarbeit, in der ich die Aufmerksamkeit meines Pferdes erneut gewinnen muss. Mit der Basisarbeit wird die Pferd-Mensch-Beziehung vertieft und die Rangpositionen werden geklärt. Erst, wenn Sie diese Grundlage geschaffen haben, können Sie sich an weitere Übungen (wie Verladetraining) heranwagen.

Mit Hilfe von zwei einfachen Stimmkommandos, mit Konsequenz und Verständnis für Ihr Pferd, schaffen Sie eine Erziehungsgrundlage, die auf einfachste Weise die natürliche Rangordnung herstellt.

Kein Problem wird im Eiltempo gelöst

Kaum ein Problem lässt sich »blitzartig« lösen. Wir beginnen immer bei »A«, ganz am Anfang, und wir sichern uns mit kleinen Schritten langfristig großen Erfolg.

Analysieren Sie die Problemsituation

Warum reagiert mein Pferd so? Das ist eine wesentliche Frage, die Sie sich stellen müssen. Wie

Hilfe! Wie werde ich zum Pferdemensch?

»Pass auf!« und »Steh!« – zwei wichtige Stimmkommandos

Für viele ist der Begriff »Konsequenz« im Umgang mit Pferden abgedroschen. Mir selbst kommen dabei oberlehrerhafte Gouvernanten mit strengem Blick in den Sinn, die ihre ihnen anvertrauten

Kapitel 4

In der Pferdeausbildung taucht auch der Begriff »Dominanz« immer wieder auf. Dieses Wort vermeide ich eigentlich lieber. Kein Wort in der Pferdeerziehung wird so oft und so gerne missbraucht wie das Schlagwort »Dominanz« – »Schlag«-Wort im wahrsten Sinne des Wortes, denn für manche Menschen ist so genanntes »Dominanztraining« der »Darfschein« für physische Gewalteinwirkung.

Gewalt kann aber niemals der richtige Weg sein; weder wenn es um Menschen, noch wenn es um Tiere geht!

»Schützlinge« unterdrücken und ihnen mit ihrem dominanten Verhalten jegliches Selbstvertrauen rauben.

So etwas hat natürlich bei der Pferdeausbildung keinen Platz. Im Umgang mit Pferden verwende ich den Begriff dennoch. Einen Pferdemenschen, der konsequent mit dem Pferd umgeht und arbeitet, zeichnet Folgendes aus.

Er ist:
- • bestimmt,
- • beharrlich,
- • hat ein Ziel vor Augen,
- • und ist selbstbewusst.

Die Erziehungsgrundlage

Die Erziehungsgrundlage für »Be strict!« ist freundliche, aber bestimmte Beharrlichkeit, ziel- und selbstbewusstes Auftreten gegenüber dem Pferd.

Diese Eigenschaften kann nicht jeder Mensch alle erfüllen. Aus Sorge, sich unbeliebt zu machen, scheuen viele – auch im Umgang mit anderen Menschen – davor zurück, selbstbewusst und mit der Haltung »Ich weiß, was ich will!« aufzutreten.

Der feine Unterschied zwischen Menschen und Pferden besteht darin, dass Sie sich bei Ihrem Pferd mit dieser herausragenden Eigenschaft gar nicht unbeliebt machen können!

Ganz im Gegenteil: Wenn Sie für Ihr Pferd der Vertrauen erweckende ranghohe Mensch werden wollen, dann wird »Be strict!« der richtige Weg sein, um dies zu erreichen!

Konsequenz ist erlernbar!

Konsequent sein kann man ganz sicher lernen. Es gibt kleine, wirkungsvolle »Tricks« und »Kniffe«, die Sie bei Ihrer Arbeit unterstützen und Ihnen damit helfen, die natürliche Rangordnung herzustellen.

Die größte »Hilfe« sind die Stimmkommandos, die Sie in Ihrem sicheren und selbstbewussten Auftreten bestärken werden. Mit Hilfe dieser Stimmkommandos demonstrieren Sie Ihrem Pferd:

• »Ich verlange Deine Aufmerksamkeit.«
• »Du kannst Dich bei mir sicher und wohl fühlen!«

»Pass auf!«

Das erste Stimmkommando, mit dem wir uns befassen, lautet »Pass auf!« oder auch »Attention!« – »Attention!« hat die gleiche Bedeutung wie »Pass

Ein echtes Leittier braucht keine Gewalt, um sich durchzusetzen. Fast immer steht die Herde friedlich beisammen. Im Ernstfall – bei Gefahr – hat das Leittier jedoch die uneingeschränkte Aufmerksamkeit.

auf!«, wird aber in der Praxis weniger verwendet. Wann setzen wir »Pass auf!« ein? Dieses Stimmkommando dient dazu, die Aufmerksamkeit Ihres Pferdes zu fordern. Denn Aufmerksamkeit fordern dürfen und müssen Sie als der ranghohe Mensch! Das Alpha-Tier in der Herde tut das ebenfalls, und zwar immer und überall, zu jeder Zeit! Einem unaufmerksamen Pferd, das nicht auf Sie achtet, können Sie nichts beibringen, es ist unkonzentriert und wird seine Entscheidungen selber treffen.

Wie diese Entscheidungen aussehen, dürfte Ihnen bekannt sein. Meist sind die vom Pferd getroffenen Entscheidungen für uns höchst unangenehm oder sogar gefährlich!

Das heißt im Klartext:

Auch in Gefahrensituationen – und gerade dann – fordert der ranghohe Mensch die Aufmerksamkeit seines Pferdes. Doch bevor wir in eine solche Situation kommen, »üben« wir für den »Ernstfall« – nur was wir ständig wiederholen, wird sich einprägen! Denn: Pferde lernen durch konsequente Wiederholung. Sie sind sehr schnell in der Lage, Ursache und Wirkung miteinander zu verknüpfen. Wenn Sie das Stimmkommando »Pass auf!« immer wieder zum richtigen Zeitpunkt anwenden, werden sich schon bald die ersten Erfolge einstellen.

Geübt wird immer und überall

Geübt wird immer und überall – das sollte für Sie in Fleisch und Blut übergehen. Und zwar immer dann, wenn Ihr Pferd unaufmerksam ist. Immer wenn Sie merken: »Hey, was ist das?! Der driftet mir wieder ab ...!«, holen Sie Ihr Pferd mit diesem simplen Stimmkommando zu sich zurück – ähnlich, wie Sie es bei einem Gesprächspartner tun würden,

Das Pferd ist hier nicht bei der Sache. Es achtet nicht auf seinen Trainer und schaut neugierig in der Gegend herum.

bei dem Sie merken, dass er mit seinen Gedanken überall ist, nur nicht bei Ihnen.

Denken Sie daran: Das Band zwischen Ihnen und Ihrem Pferd ist die Kommunikation. Und die kann nicht funktionieren, wenn sich einer der »Gesprächspartner« gedanklich auf Abwegen befindet! Das Gleiche gilt selbstverständlich auch für Sie.

Das gilt sowohl für die Arbeit am Boden als auch für die Arbeit im Sattel! Wer sein Pferd so lange in der Stallgasse rumstehen lässt, bis es »Moos ansetzt« oder sonst wie auf dumme Gedanken kommt, darf sich nicht wundern, wenn er von seinem Pferd ebenfalls wie Luft behandelt wird! Wer beim Reiten an seine Steuererklärung denkt, sollte nicht anfangen zu meckern, weil sein Pferd plötzlich eigene Wege geht!

Leider kann Ihr Pferd Ihnen nicht »Pass auf!« oder »Attention!« zurufen. Aber es wird auf seine Weise Ihre Aufmerksamkeit fordern (indem es z.B. in der Stallgasse unwillig zu scharren beginnt, anfängt herumzutänzeln oder eben seine eigenen Wege geht). Mit der Zeit werden Sie ein Gespür dafür entwickeln.

Strafen Sie Ihr Pferd nicht, weil es »ganz plötzlich« unaufmerksam ist. Kein Pferd ist »plötzlich« unauf-

Verlass dich auf mich!

Bei der Anwendung des Stimmkommandos »Pass auf!« »versprechen« Sie Ihrem Pferd: »Hör zu: Du musst nicht auf alles achten, was um dich herum geschieht, denn das erledige ich für dich. Das ist mein Job als dein dich leitender und schützender Mensch!«

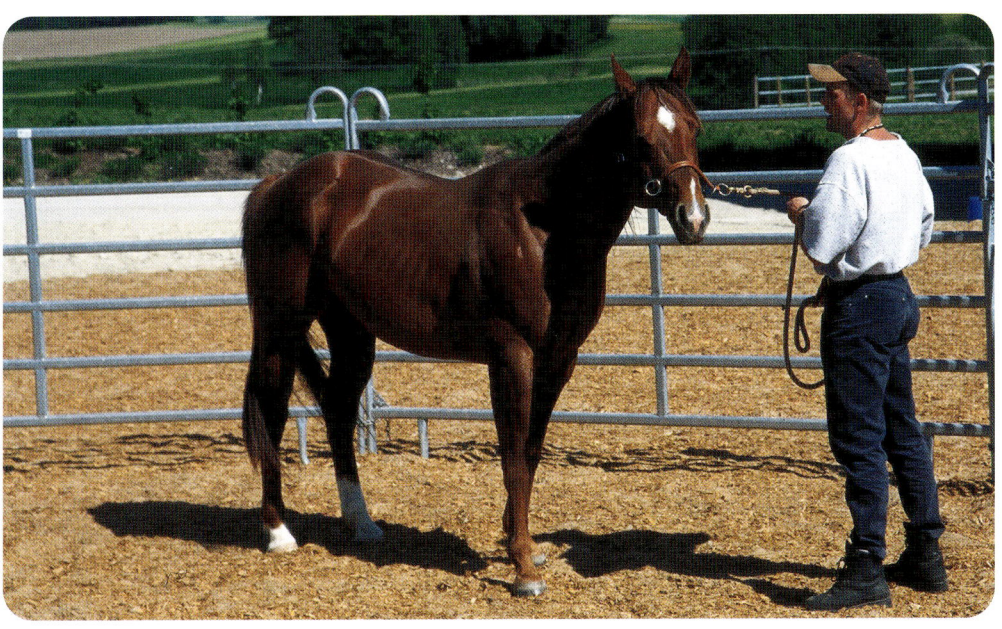

Mit dem Kommando »Pass auf!« und einem kurzen Zug am Strick, verschafft man sich die Aufmerksamkeit des Pferdes.

merksam! Bevor es uns »wegdriftet«, sendet es uns eine ganze Reihe feinster Signale (z. B. indem es ein Ohr von uns abwendet oder seinen Blick in eine entgegengesetzte Richtung schweifen lässt). Wenn wir diese Signale missachten, greift das Pferd u. U. »zum Holzhammer« und geht ggf. mit uns los (weil vielleicht ein von Ihnen unbemerkter »Pferdefresser« seinen Weg kreuzte). Auch in diesem Fall heißt es: Nicht ärgern, sondern erst einmal fragen: Warum ist das jetzt passiert? Ganz einfach: Es ist passiert, weil Sie in Ihrer Reaktion geschlafen haben. Ihr »schlaues« Pferd hingegen war aufmerksam und stellte Ihnen, bevor es flüchtete, die leise Frage: »Was sollen wir tun?« Wenn Sie ihm nicht antworten, dann muss es eben eigene Entscheidungen treffen.

Zu solchen »Holzhammermethoden« müssen Sie zum Glück nicht greifen, denn Pferde reagieren sehr sensibel auf unsere Signale. Stimmkommandos wie »Pass auf!« oder »Attention!« sind sozusagen schon die kleineren »Holzhammer« für Pferde, wenn man bedenkt, wie feinfühlig sie als Muskelleser und Formenseher auf jede unserer Bewegungen achten.

Daher sollten Sie Stimmkommandos auch mit der entsprechenden Körpersprache begleiten. Also nicht »Pass auf!« sagen und dabei in sich zusammensinken wie ein altersschwacher Luftballon. Solche Widersprüche werden von Pferden nicht verstanden. Das sind diese fatalen »Halbwahrheiten«, die von der Spezies der Halbranghohen allzu gerne verwendet werden!

Sie können von Ihrem Pferd keine Aufmerksamkeit verlangen, wenn Sie selber unaufmerksam sind!

Kapitel 4

▬▬ *Be strict – ganz praktisch*

Ein paar Worte zum Thema »Aufmerksamkeit«

Ich möchte an dieser Stelle ein paar klärende Worte zum Thema »Aufmerksamkeit« an Sie richten. Denn dieses Thema liegt mir immer besonders am Herzen, wenn ich die Grundlagen des Trainingssystems von »Be strict!« beschreibe.

Vorher aber möchte ich einen Anspruch revidieren, den ich bisher immer hochgehalten habe, wenn es um die Aufmerksamkeit des Pferdes geht: Ich habe auf meinen Kursen bisher immer vom Pferd verlangt, dass es seine Aufmerksamkeit in jedem Moment des Zusammenseins auf mich richtet, erkennbar an den stets mir zuge-

wandten Ohren. Diese Forderung löste bei meinen Kursteilnehmern immer einen Riesenstress aus, weil sie nur noch auf die Ohren des Pferdes achteten und dabei dann alles andere in ihrer Wahrnehmung »ausblendeten«. Das ist natürlich grundverkehrt.

Lassen wir also die Kirche im Dorf. Es ist praktisch gar nicht machbar, ständig die Ohren des Pferdes im Blick zu haben und gleichzeitig die vielen anderen Dinge auch noch zu beachten, die für ein konzentriertes Training wichtig sind. Die Ohren sind weniger ein absolutes Zeichen für die Aufmerksamkeit und Zugewandtheit Ihres Pferdes als vielmehr ein Gradmesser dafür, ob es sich wirklich mit Ihnen und den ihm gestellten Aufgaben befasst, oder ob es mit seinen Gedanken ganz woanders ist,

Die Aufmerksamkeit ist beim Reiter; die Ohrenstellung verrät es.

vielleicht auf der Weide oder bei seinem Hafer. Da wir dem Pferd in vielen Dingen immer nur bis vor die Stirn schauen können, sind die Ohren ein gutes optisches Hilfsmittel, das man immer wieder beobachten kann, um sich über die aktuelle Konzentrationslage des Pferdes ein einigermaßen stimmiges und zuverlässiges Bild zu machen.

Praktisch bedeutet das, etwa alle zehn Sekunden – bitte ohne Stoppuhr! – mal einen Blick ins Pferdegesicht und auf seine Ohren zu werfen. Ist das Pferd noch »dabei«, oder lässt es sich vielleicht gerade von irgend etwas ablenken? Wenn Sie feststellen, dass das Pferd gedanklich gerade da ist, wo es im Moment so gar nicht hingehört, dann holen Sie es sich mit einem »Aufmerksamkeitszupfer« am Halfter-

strick oder am Zügel wieder zu sich zurück – wohlgemerkt nur mit einem leisen Zupfen, denn mit einem kräftigen Ruck erschrecken Sie es nur unnötig, und die ganze vorangegangene Lektion wird durch den Schreck und Schmerz des Rucks am Halfter im Gehirn wieder gelöscht, d.h. von dem aktuellen Schreck überlagert. Und seien Sie mal ehrlich zu sich selbst: Haben Sie es als Schüler im Unterricht immer geschafft, zu jeder Sekunde des Unterrichts hellwach den Ausführungen des Lehrers zu folgen, auch wenn der Lernstoff noch so trocken war? – Na also.

Vergessen Sie bitte nicht, dass die Konzentrationsleistung Ihres Pferdes sehr viel Körperenergie verbraucht. Arbeitet ein Pferd über eine gewisse Zeit konzentriert mit, wird es schnell müde, auch wenn es

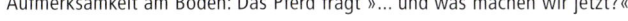

Aufmerksamkeit am Boden: Das Pferd fragt »... und was machen wir jetzt?«

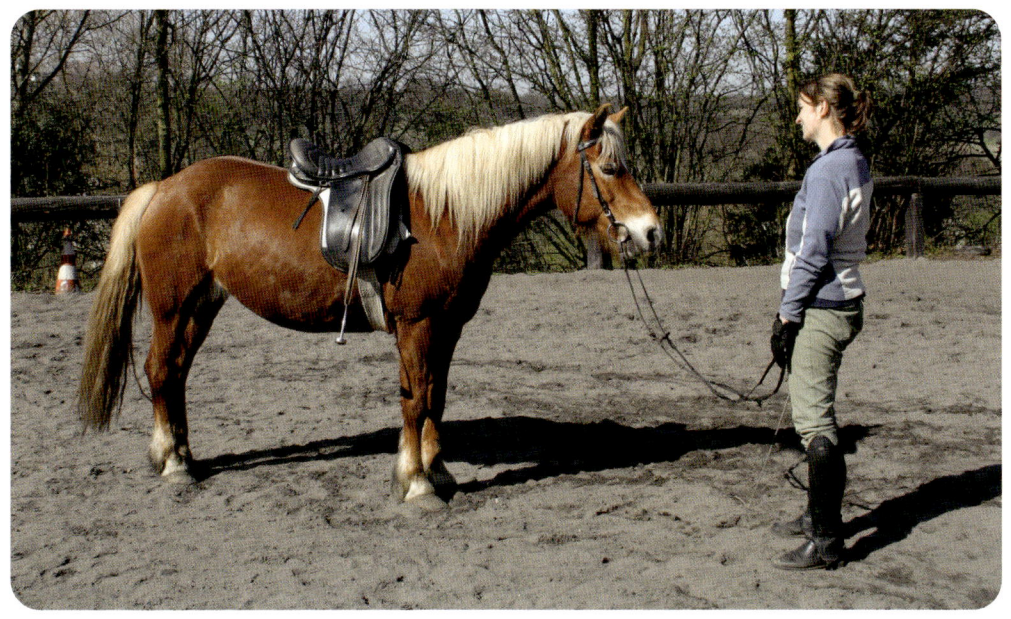

Pferd und Mensch müssen sich miteinander wohlfühlen, dann achten sie auch aufmerksam aufeinander.

körperlich vielleicht gar nicht viel leisten musste. Wie lange sich ein Pferd konzentrieren kann, ist sehr unterschiedlich und hängt immer vom jeweiligen Individuum ab, seiner momentanen körperlichen und psychischen Verfassung und noch von einigem mehr. Es ist wie bei uns Menschen – die Tagesverfassung ist nie die gleiche. Mal fällt es uns leichter, Aufgaben zu lösen oder bestimmte Dinge zu tun, und manchmal stellen wir uns bei denselben Dingen einen Tag später ausgesprochen dämlich an. Und das gilt eben auch für Ihr Pferd. Feste Zeitangaben vorzugeben, wie lange sich Ihr Pferd wirklich konzentrieren kann, ist daher nicht möglich. Als Faustregel können Sie etwa 25 Minuten ansetzen, in denen sich Ihr Pferd voll auf Sie konzentrieren kann – länger geht einfach nicht,

weil dann die Kräfte schnell nachlassen. In meinem Trainingskonzept der Dual-Aktivierung hat sich folgendes Zeitmuster bewährt, das ich die »10-10-5-Methode« nenne: Die erste Lektion dauert zehn Minuten, dann ist für vielleicht fünf Minuten eine kurze Erholungspause für Pferd (und Mensch!) angesagt. Natürlich wird in dieser Pause nicht alles plötzlich fallengelassen – das Pferd marschiert frisch weiter, braucht sich aber für den Moment nicht voll auf den Reiter oder Führer zu konzentrieren. Dann wird wieder zehn Minuten voll konzentriert an etwas gearbeitet, danach wird wieder eine kurze Fünfminutenpause eingelegt, bis dann das kurze, fünfminütige Finale kommt, bei dem Pferd und Reiter/Führer noch mal alles geben – danach ist dann endgültig Schluss für den

Konzentration kann meist nicht lange gehalten werden; ausreichend lange Pausen zwischen konzentrierten Arbeitsabschnitten sind deswegen notwendig.

Tag. Nehmen Sie für die kurzen Zwischenpausen aber bitte keine Stoppuhr zur Hand. Denn auch die Zeit, die ein Pferd braucht, um sich von einer Aufgabe zu erholen, ist individuell immer sehr verschieden. Die von mir vorgegebenen fünf Minuten für einen Pausenabschnitt sind wieder nur eine grobe Faustregel aus der Erfahrung. Manche Pferde erholen sich schneller, die anderen brauchen ein paar Minuten länger. Eine »kurze« Pause bedeutet hier lediglich, dass Sie in dieser Zeit nicht großzügig Kaffeetrinken gehen sollen.

Wenn wir schon beim Thema »Aufmerksamkeit« sind, so weise ich hier natürlich auch darauf hin, dass zum konzentrierten Training und Arbeiten immer zwei gehören – Ihr Pferd und Sie. Wenn Sie also verständlicherweise absolute Aufmerksamkeit von Ihrem Pferd erwarten und verlangen, dann fragen Sie sich bitte selber einmal ehrlich, wie lange Ihre eigene Konzentration eigentlich reicht. Ich will es niemandem absprechen, aber entscheiden Sie bitte selber, ob Sie wirklich in der Lage sind, eine ganze Reitstunde lang voll konzentriert mit Ihrem Pferd zu arbeiten. Konzentration kostet auch den Menschen unglaublich viel Kraft, deshalb sind viele Reiter nach einer guten, wirklich konzentriert gerittenen Reitstunde gewissermaßen »stehend k.o.«. Und auch auf meinen Kursen sind nicht nur die Pferde abends ausgepowert (im positiven Sinn), sondern ich habe auch schon so manchen Kursteilnehmer nach dem Unterricht wieder aufwecken müssen, der auf meinem Sofa

Kapitel 4

chen. Arbeiten Sie dann trotzdem weiter, zerstören Sie mit diesem übertriebenen Eifer nur, was Sie in den vielleicht schon sehr gut gelaufenen Lektionen an den Tagen zuvor mühsam erarbeitet haben. Beim konzentrierten Lernen und Arbeiten, sei es vom Boden aus oder im Sattel, gilt eben nicht die Devise »Viel hilft viel«. Machen Sie deshalb besser Schluss, wenn Sie merken, dass es in der Lektion nicht mehr rund läuft, wenn entweder Ihr Pferd oder Sie selber erste »Verfallserscheinungen« aufweisen – und glauben Sie mir, es wird auch immer diese wundervollen Tage geben, an denen Sie genauso gut drauf sind wie Ihr Pferd und weitaus länger und intensiver miteinander trainieren können als vielleicht noch am Tag vorher. Ein gesunder Ehrgeiz ist gut und richtig, aber ein Übermaß davon kann mehr zerstören als leisten.

Und das wichtigste: Übertriebener Ehrgeiz zerstört das wertvollste, was Ihnen Ihr Pferd zu bieten hat, nämlich das Vertrauen in Sie als zuverlässigen Anführer, dem Ihr Pferd seine Sicherheit und sein Wohlergehen in jedem Moment anvertrauen kann. Setzen Sie dieses Vertrauen nicht aufs Spiel, um etwas von Ihrem Pferd zu verlangen, was es vielleicht noch gar nicht kann oder was über sein momentanes Leistungslimit hinausgeht. Und der Ausspruch »Der ist ja noch ganz trocken, hat er heute unter dir noch nichts geleistet?« ist lediglich der Beweis dafür, dass man Konzentration nicht immer sehen kann – anders als eben Muskelarbeit.

oder wo auch immer bereits eingeschlafen war.
Um es noch einmal festzuhalten: Verlangen Sie nie mehr Aufmerksamkeit von Ihrem Pferd als Sie zu geben bereit sind. Alles andere ist für die vertrauensvolle Zusammenarbeit zwischen Mensch und Pferd kontraproduktiv. Denn Ihr Pferd merkt sehr schnell, ab wann Sie selber nicht mehr bei der Sache sind, und wird ab dem Moment selber innerlich Feierabend ma-

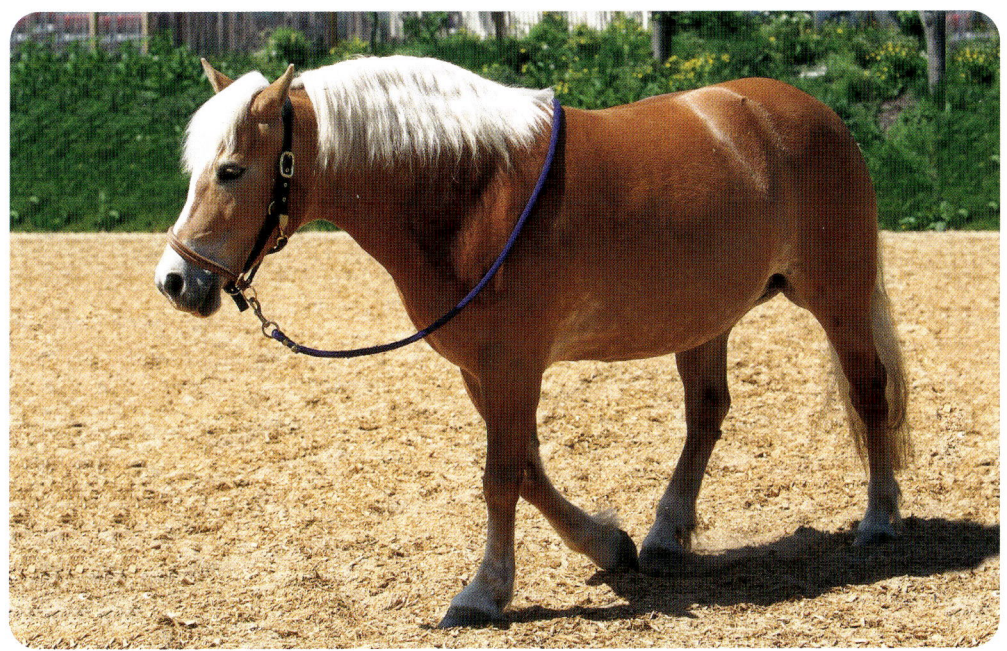

oben: Die Besitzerin ist gerade nicht bei der Sache ... daher trifft das Pferd seine Entscheidung selbst und läuft los ...
unten: schnell wird eingegriffen. Passt man selber etwas besser auf, können solche Situationen vermieden werden.

Kapitel 4

»Pass auf!«

Auch bei der Anwendung solcher Stimmkommandos gilt: Denken Sie einfach! Verstricken Sie sich nicht in Widersprüche! Verbreiten Sie keine Halbwahrheiten und wenden Sie Stimmkommandos immer gleich und zum richtigen Zeitpunkt an! Der richtige Zeitpunkt ist immer dann, wenn Ihr Pferd in der Gegend herumschaut oder den Boden nach »Düften« abrüsselt, immer dann geben Sie ein Signal am Halfter (ein kurzer Ruck oder Zug) und sagen deutlich »Pass auf!«. Jedes Mal! Nur so werden Sie für Ihr Pferd berechenbar und ein Mensch, den es respektieren und dem es vertrauen kann!

Das Stimmkommando »Pass auf!« dient also dazu, von unserem Pferd jederzeit die Aufmerksamkeit zu fordern, die für eine erfolgreiche Arbeit unerlässlich ist.

»Steh!«, »Stopp!« oder »Whoa!«

Das zweite Stimmkommando, das wir benötigen, ist genauso wichtig wie das erste, genauso wirkungsvoll und gehört wie »Pass auf!« oder »Attention!« zu den Kommandos, die ein gut erzogenes (und damit »glückliches«) Pferd kennen und befolgen muss. Dieses Kommando heißt »Steh!«, »Stopp!« oder »Whoa!«.

Wie bei »Pass auf!« müssen Sie sich zunächst einmal für ein Kommando entscheiden. Drei gegebene

Stimmkommandos, die alle das Gleiche wollen, werden vom Pferd nicht verstanden! Pferde können maximal sieben verschiedene Stimmkommandos auseinanderhalten. Achten Sie auch darauf, dass Sie ein Kommando wählen, das sich nicht genauso anhört wie eines, das Sie sowieso schon benutzen. Wenn Sie zum Vorwärtsgehen häufig das Kommando »Geh!« verwenden, zum Stehen bleiben aber »Steh!« wählen, führt das zu Irritationen, die sicher mitunter sehr lustig, aber im Ernstfall ziemlich gefährlich werden können ...

Wenn Ihr Pferd dieses Stimmkommando erst einmal verstanden hat, wird Ihnen das ebenfalls in vielerlei Hinsicht zugute kommen. Welcher Tierarzt oder Hufschmied verflucht sie nicht, diese ewig herumzappelnden Pferde, die einem durch ihre Hampelei auf die Nerven gehen? Auch hier kann es letztlich gefährlich werden. Die Besitzer stehen meist mit hochroten Köpfen daneben und murmeln etwas von: »Na ja ... er ist halt sehr temperamentvoll ...« Fakt ist: Ein gut erzogenes Pferd macht so etwas nicht! Jedes Pferd kann aufpassen, und jedes gesunde Pferd kann stehen bleiben! Wenn es das nicht tut, dann liegt es daran, dass sein Besitzer nicht die Ausdauer besitzt, ihm dieses ordentlich beizubringen! Also bitte: ab heute keine Ausreden mehr!

Das Kommando »Steh!« kann in Gefahrensituationen eine wertvolle Hilfe sein. Gekoppelt mit »Pass auf!« kann dieses winzige, sorgsam erlernte Stimmkommando Sie in Zukunft vor dem Schlimmsten bewahren; vorausgesetzt, Sie haben wirklich die natürliche Rangordnung erreicht und die volle Aufmerksamkeit Ihres Pferdes.

Erinnern Sie sich noch an das Beispiel mit dem Müllsack? Seine angeborene Fluchttendenz veranlasste dieses Pferd dazu, sich schleunigst aus dem Staub zu machen. Und warum? Weil es seine Ent-

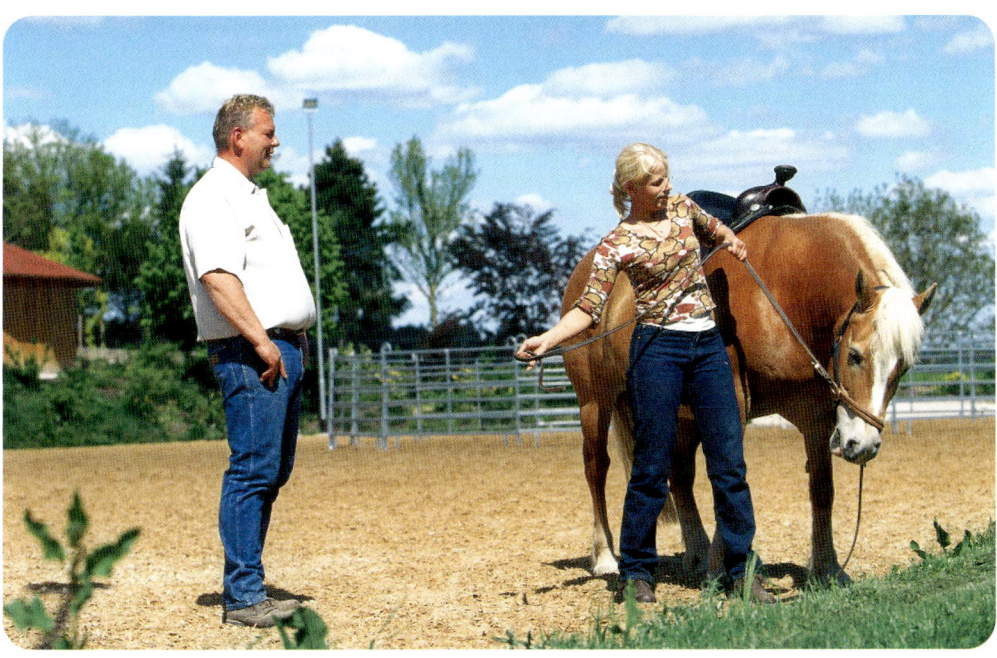

oben: Eine typische Situation. Sie unterhalten sich angeregt. Das Pferd steht unbeobachtet da ...
und trifft schließlich eine Entscheidung. Warum nicht etwas von dem frischen Gras ergattern? Es guckt ja keiner!
unten: Hastig wird eingegriffen.

Kapitel 4

Ist man nicht immer bei der Sache, dann passieren einem leicht solche »Missgeschicke«. Nun heißt es aber, sich wieder auf das Pferd zu konzentrieren! Richten Sie das Pferd zwei bis drei Schritte zurück und fordern Sie seine Aufmerksamkeit. Aber nicht vergessen, der Fehler lag nicht beim Pferd.

scheidung selber treffen musste! Warum musste es seine Entscheidung selber treffen? Weil der Mensch auf seinem Rücken ihm im Rang unterlegen war! Wäre dieser Mensch wirklich ranghoch und hätte im Umgang mit seinem Pferd diese beiden Stimmkommandos angewendet, wäre die Situation nicht eskaliert! Ein ranghoher Mensch, der auf sein Pferd achtet, hätte die ersten feinen Signale seines Pferdes bemerkt. Das in die Gefahrenrichtung gedrehte Ohr, der gestreckte Hals, die Anspannung der Muskeln ... dann hätte er die Frage des Pferdes verstanden, die da lautete: »Oh! Da ist etwas, das ich nicht kenne. Was machen wir jetzt?«

Er hätte seinem Pferd antworten können: »Pass auf!« (»Ich bin bei dir. Ich habe es auch gesehen und ich werde jetzt eine Entscheidung fällen«). Und

Herr oder Frau »Ranghoch« hätte entschieden. »Steh!« (»Schau her, mein Freund. Du weißt: Ich würde dich niemals irgendwo stehen lassen, wo Gefahr für dich droht. Ich bin ganz ruhig; und du kannst es auch sein ...!«)

Gepaart mit Ihrer Konsequenz, mit dem Respekt und dem Vertrauen, das Ihr Pferd Ihnen in jeder Lebenslage entgegenbringen kann, sind diese Stimmkommandos wesentlich! Wenn Sie erst einmal beginnen, selbstständig und regelmäßig damit zu arbeiten, sehen Sie, wie gut das funktioniert. Kleine, aber entscheidende Erfolge werden sich bereits binnen kürzester Zeit einstellen, und die wirklich großen Erfolge werden nicht lange auf sich warten lassen – doch nur, wenn Sie wirklich konsequent sind!

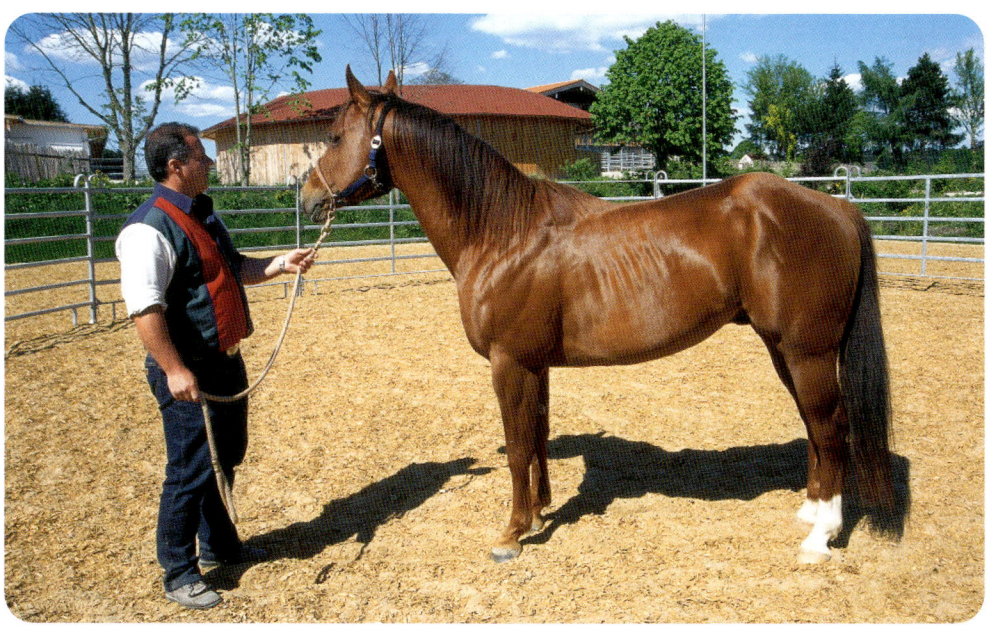

»Steh!« ist eins der wichtigsten Stimmkommandos. Sagt man »Steh!«, dann sollte das Pferd auch wirklich stehen. Es ist sicher eine Sache der Übung, bis dieses Kommando durchkommt. Wenn es klappt, erleichtert es den Umgang mit dem Pferd kolossal.

Ohne Zuckerbrot und Peitsche

Wissenswertes über Lob, Strafe und Lernverhalten

Bevor Sie beginnen, mit Ihrem oder dem Ihnen anvertrauten Pferd zu arbeiten, muss ich noch etwas loswerden: Es geht um den richtigen Einsatz von »Lob« bzw. »Strafe«. In diesem Fall gehen die Meinungen oft auseinander und letztendlich muss sowieso jeder seinen eigenen Umgang damit finden. Ich weiß aufgrund meiner praktischen Erfahrungen jedoch, dass gerade dieses wichtige Thema oft zu Unsicherheiten führt. Daher möchte ich an dieser Stelle mein Statement dazu abgeben.

Trainieren Sie regelmäßig und überall!

Bei verschiedenen Veranstaltungen werde ich als so genannter Pferdeflüsterer angekündigt – nur: Was soll das sein? Diesen Begriff halte ich für irreführend. »Mit Pferden flüstern« – was heißt das? Ich für meinen Teil flüstere den Pferden nichts ins Ohr. Ich kommuniziere mit ihnen auf eine Weise, die sie verstehen können. Was das mit »flüstern« zu tun haben soll, wird mir vermutlich ein ewiges Rätsel bleiben. Für viele ist ein »Pferdeflüsterer« der Inbegriff »gewaltfreier« Pferdeerziehung. Trotzdem taucht bei mir in diesem Zusammenhang folgender Gedanke auf:

Kapitel 4

Wenn mit dem Begriff »Pferdeflüstern« das Wort »gewaltfrei« assoziiert wird, dann erwarten meine Kursteilnehmer wohl auch von mir einen absolut gewaltfreien Umgang mit dem Pferd. An dieser Stelle frage ich kritisch: gewaltfreie Pferdeerziehung – gibt es die wirklich? Wo hört Konsequenz auf und wann fängt Gewalt an? Dies ist eine schwierige, aber berechtigte Frage, die ich natürlich nur aus meiner ganz persönlichen Sicht beantworten kann:

Pferdeausbildung bedeutet eigentlich immer »mechanische« Einwirkung – sei es durch Schenkeldruck, ziehen an den Zügeln oder durch ein Ruck am Geitner-Halfter.

Das richtig eingesetzte Lob ist in Zukunft ein wichtiger Bestandteil Ihrer Arbeit und das Gleiche gilt für »Strafe«, die ich – um dem Wort die Schärfe zu nehmen – lieber als »logische Konsequenz« bezeichne.

Denken Sie daran: Aus seiner Sicht macht Ihr Pferd immer alles richtig! Sie müssen ihm deshalb so einfach wie möglich zeigen, was Sie von ihm wollen und was Sie nicht wollen. Ihr Pferd wird instinktiv – nie aus böser Absicht – handeln, und es liegt an Ihnen, Ihrem Pferd zu zeigen, ob und wann es sich auf dem Holzweg befindet.

Noch einmal: Pferde lernen durch Versuch und Irrtum. Gewalt und Zorn wird Sie nie bei Ihrer erfolgreichen Ausbildung weiterbringen. Pferde lernen durch konstante Wiederholung. Dabei können sie sehr schnell Ursache und Wirkung miteinander verknüpfen. Jede Wiederholung muss darum konsequent (strict!) sein!

Das Lob (oder der Tadel) muss unmittelbar (!) nach der richtigen bzw. falschen Handlungsweise erfolgen. Sie haben etwa sieben Sekunden Zeit, um Ihrem Pferd zu verdeutlichen, ob es etwas richtig oder falsch gemacht hat. Kommt das Lob oder der

> ## Meine Devise lautet:
>
> *so wenig strafen wie möglich und immer nur so viel, wie nötig.*

> ## »Lob« und »Tadel«
>
> *Suchen Sie immer nach einem Weg, Ihr Pferd loben zu können. Sorgen Sie dafür, dass Ihr Pferd so viel wie möglich richtig macht, dann lernt es schnell und gerne. Pferde lernen auf eine »einfache« Art. Situationen, die für sie angenehm sind, möchten sie erneut erleben. Hingegen werden sie mit Sicherheit Situationen abwehren, in denen es für sie unangenehm wird. Schließen Sie Ihr Trainingsprogramm mit einer positiven Übung ab, sodass »Arbeiten« für das Pferd Spaß bedeutet.*

Tadel verspätet, wird Ihr Pferd weder das eine noch das andere auf die gute oder verpatzte Leistung zurückführen. Es kann Ursache und Wirkung nicht mehr miteinander verknüpfen.

Was, wenn nichts klappen will?

Sehr wirkungsvoll kann »Strafe« eingesetzt werden, indem Sie Ihr Pferd einfach länger arbeiten lassen und somit den Druck erhöhen. Ist Ihr Pferd einmal nicht besonders kooperativ, geben Sie Ihren Hilfen und Anweisungen mehr Nachdruck – egal,

Wenn es nicht so gut im Training klappt, lassen Sie Ihr Pferd mehr »Laufarbeit« verrichten. Bringen Sie ihm bei, dass gute Mitarbeit belohnt und die Arbeit dann schneller beendet wird.

Kurz und damit angenehm sollte jedes Training nur dann sein, wenn Ihr Pferd zu Ihrer Zufriedenheit mit Ihnen arbeitet.

Machen Sie bitte auf keinen Fall den Fehler, Ihr Pferd für gute Arbeit zu bestrafen. Das geht blitzschnell und ohne dass Sie es merken. Es geschieht nämlich dann, wenn Sie denken: »Heute klappt's besonders gut; das machen wir gleich noch mal oder versuchen etwas Schwierigeres ...« In diesem Augenblick bestrafen Sie Ihr Pferd, obwohl es hervorragend mitgearbeitet hat. So etwas kann mühsam aufgebautes Vertrauen binnen weniger Sekunden zerstören!

Ein gutes Training kann u. U. auch einmal nur zwei Minuten dauern (aber bitte nie vergessen, das Pferd vorher aufzuwärmen. Zehn bis fünfzehn Minuten müssen besonders bei Boxenpferden berücksichtigt werden, sonst leiden die Gelenke).

Trainieren Sie Ihr Pferd niemals länger als zwanzig Minuten. Trainieren heißt nicht, das Pferd »nur« zu bewegen. Trainieren heißt, mit dem Pferd ein vorher genau definiertes Lernziel zu erarbeiten. Dazu müssen Sie sich natürlich auf die »Denke« des Pferdes einstellen, um es nicht durch komplizierte oder widersprüchliche Anforderungen zu überfordern (später mehr dazu). Training bedeutet: höchste und sehr anstrengende Konzentration für Pferd und Trainer. Bedenken Sie, dass Ihr Pferd nicht länger als zwanzig Minuten voll konzentrationsfähig ist, und nehmen Sie auch Rücksicht darauf, wenn Ihr Pferd einmal einen schlechten Tag hat und deshalb unwillig reagiert. Pferde sind keine Maschinen. Wenn Sie Ihr Pferd gut kennen, wissen Sie, wann

ob Sie nun reiten, das Pferd an der Longe haben oder im Round Pen stehen. Es reicht bereits aus, Ihr Pferd länger arbeiten zu lassen. Das Training dauert in diesem Fall an und Ihr Pferd kapiert dann sehr schnell (vorausgesetzt, Sie machen es immer so), dass es am besten fleißig und aufmerksam mit Ihnen arbeiten sollte. Wer gut arbeitet, hat früher Feierabend!

Kapitel 4

Gähnt Ihr Pferd nach dem Training, zeigt das, dass es konzentriert bei der Sache war.

ist komischerweise weit verbreitet, Pferden beim Loben den Hals zu tätscheln. Warum sich das so eingebürgert hat, weiß vermutlich kein Mensch mehr. Diese Halstätschelei kann für ein Pferd ganz schön irreführend sein, denn es ähnelt einem zurechtweisenden Klaps. Nehmen Sie einmal an, Sie loben Ihr Pferd immer mit dieser Halsklopferei. Ihr Pferd steht in der Stallgasse, während Sie es putzen, und es beginnt irgendwann, mit den Hufen zu scharren. Sie brüllen es deshalb an und versetzen ihm einen Klaps, der ja dem tätschelnden Lob sehr ähnlich ist. Ihr Pferd kapiert nicht, warum es angebrüllt und gleichzeitig gelobt wird, und es wird sich wahrscheinlich fragen, was dieser Halbranghohe nun schon wieder von ihm will. Gegebenenfalls wird es den Klaps sogar als lobende Anerkennung seines Scharrens bewerten. Dann wird es weiter scharren, weil es glaubt: »Aha. Mensch will, dass ich scharre …«

Pferde reagieren außerdem sehr sensibel auf Stimmklang und Melodie. Auch diese Eigenschaft ist ihm als Beutetier angeboren. Darum achten Sie auch beim Loben ganz gezielt auf den Einsatz Ihrer Stimme. Bitte vermeiden Sie einen Redeschwall. Ein kurzes, wohlwollendes »good Boy/good Girl; fein gemacht!« sagt alles.

Das Lob muss gezielt eingesetzt werden, wenn Ihr Pferd die gewünschte Reaktion zeigt. Na gut: Und wenn's mal eine besonders stramme Leistung war, dann darf auch mal geknuddelt und geschmust werden. Beachten Sie: Sie beenden das Knuddeln, nicht Ihr Pferd! Tüddeln Sie bitte nicht gedankenverloren an Ihrem Pferd herum, wenn kein wirkli-

Sie mehr und wann Sie weniger verlangen müssen oder dürfen.
Für Pferde kann der direkte Blickkontakt (»Anstarren«) äußerst unangenehm sein, denn auch ein vermeintliches Raubtier fixiert sein Opfer mit starrem Blick. Wenn Sie Ihrem Pferd also direkt in die Augen sehen, erzeugen Sie Druck; verwenden Sie den konfrontierenden Blick nur, wenn Sie bewusst Druck ausüben müssen, z. B. bei einer Lektion im Round Pen.
Beim Lob ist es daher wichtig, dass Sie Ihrem Pferd dabei nicht in die Augen sehen. Senken Sie den Blick, verhalten Sie sich defensiv und streicheln Sie z. B. mit der flachen Hand die Stirn Ihres Pferdes. Es

Gute Arbeit wird belohnt. Nach erfolgreicher Zusammenarbeit kann das Training beendet werden. Denken Sie immer daran, dass Sie generell mit einer Lektion abschließen, die das Pferd gut beherrscht.

cher Anlass dazu besteht. Jede Streicheleinheit ist für das einfach denkende Pferd ein Lob, und es verfehlt seine Wirkung in der Erziehung, wenn es im falschen Moment eingesetzt wird.

Ähnlich wie mit den »tüddelnden« Streicheleinheiten ist es mit dem Füttern von Leckerlis aus der Hand. Auch hier gibt es oft unterschiedliche Meinungen. Es gibt Pferdeleute, die das Leckerli für zwischendurch nahezu verpönen. Ich finde, beim gezielten Einsatz (also bei ausnehmend guter Leistung) ist dagegen nichts einzuwenden.
Man muss sich selbst kontrollieren und darauf achten, dass es nicht ausufert ... Sollte ein Pferd sowieso schon zum Betteln neigen, ist es gut zu überlegen, ob der Einsatz von Leckerlis als Belohnung sinnvoll ist.

Und zum Abschluss dieses Punktes möchte ich noch kurz auf ein Phänomen eingehen, das sich häufig beobachten lässt, wenn Pferdemenschen nicht mehr weiter wissen: Einige von ihnen haben nämlich den Hang dazu, sich auf körperliche Machtkämpfe mit ihren Pferden einzulassen. Sie stehen z. B. vor ihrem bockbeinig dastehenden Pferd und versuchen es mit enormem Kraftaufwand zum Weitergehen zu bewegen, indem sie zeternd am Führstrick zerren. Das ist in der Regel zwecklos (und vielleicht sogar gefährlich); es lässt das Pferd auch merken: »Hoppla! Ich bin ja viel stärker als mein Zweibeiner ... super!« Je öfter es zu dieser Erkenntnis kommt, desto häufiger wird es in Zukunft auf diese – für den Menschen niederschmetternde – Erfahrung zurückgreifen. Pferde haben nämlich ein ausgezeichnetes Gedächtnis.

Kapitel 4

Die erste Hürde

Wo trainiere ich?

Pferdetraining muss nicht im Round Pen, in der Halle oder auf dem Reitplatz stattfinden. Sie müssen immer und überall für Ihr Pferd das ranghohe Leittier werden, daher findet das Training auch überall statt.

Das Training mit »Be strict!« beginnt im ersten Augenblick Ihres Aufeinandertreffens. Und es setzt sich fort, wann und wo immer Sie mit Ihrem Pferd zusammen sind.

Trainings-Situationen in der Pferdebox

In der Regel findet in der Box oder auf der Koppel die erste Kontaktaufnahme des Tages statt. Sie können sicher sein, dass Sie dort bereits bei Ihrem Pferd durch das »Menschen-Abcheck-Programm« rasseln, wenn Sie nicht bestimmt genug auftreten. Demonstrieren Sie also am besten gleich an dieser Stelle, dass Sie der Boss sind, dann haben Sie es bei den folgenden Übungen leichter.

Verlangen Sie als konsequenter »Chef« vom ersten Moment an die Aufmerksamkeit Ihres Pferdes, aber bleiben Sie defensiv dabei (Sie wollen ihm ja keine Angst einjagen oder Druck ausüben). Nähern Sie

Betteln ist fast immer die Folge von unkontrolliertem »Leckerli-Einsatz«. Unterbinden Sie es, dass Ihr Pferd ständig in Ihren Hosentaschen rumstöbert. Gegen ein Leckerli im richtigen Moment ist nichts einzuwenden.

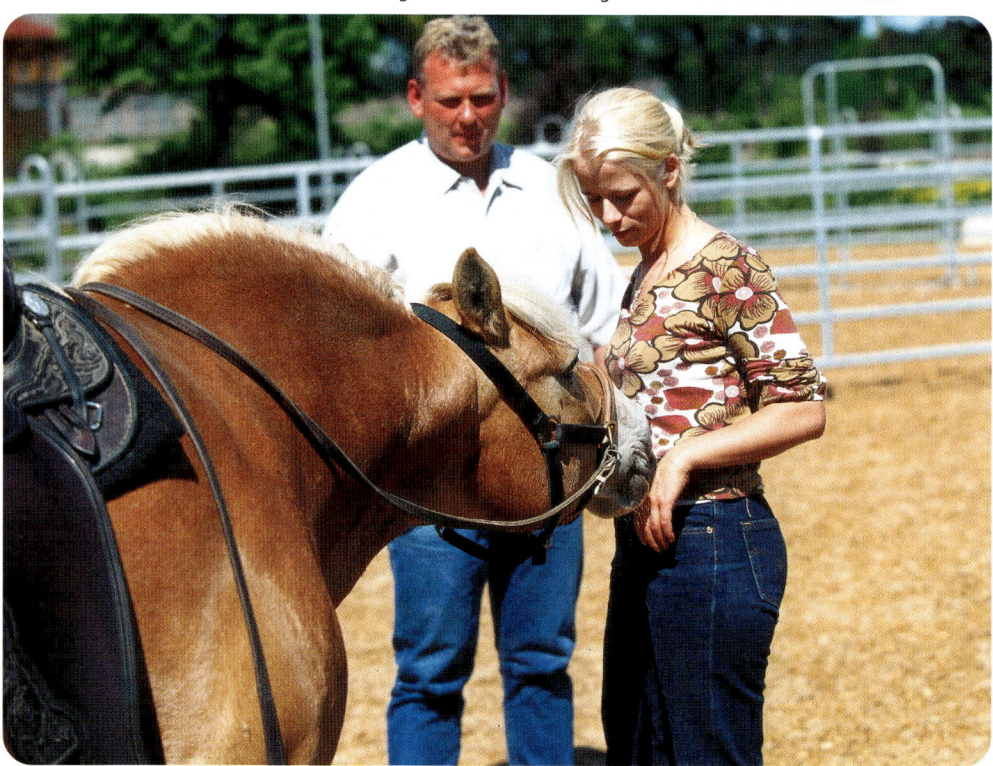

sich freundlich, aber bestimmt! Wenn Ihr Pferd Sie gleich ansieht und auf Sie achtet, loben Sie es, indem Sie kurz die Stirn Ihres Pferdes streicheln und freundlich mit ihm sprechen. Reagiert Ihr Pferd sofort, ist das super.

Doch mitunter gibt es Schwierigkeiten:

Einige Pferde neigen z. B. dazu, jeden, der die Box betritt, gleich nach Leckerlis abzurüsseln. Sie versuchen ihren Kopf in Jackentaschen zu stecken, in denen sie beim besten Willen nichts zu suchen haben, und untersuchen in akribischer Kleinarbeit das Innenleben sämtlicher Kleidungsstücke; so lange, bis sie endlich fündig werden. Finden sie nichts, können sie ihre Höflichkeit möglicherweise schnell vergessen und sehr erfinderisch zu massiveren Mitteln greifen. Die einstmals höfliche Nachfrage: »Hast du vielleicht was für mich?« wird dann – schneller als Mensch denkt – zu einem sehr viel weniger höflichem »Rück sofort das Zeug raus oder ich werd' ungemütlich!«

So wird das zuvor noch lustige Gekitzel und Gekrabbel ganz flott »unlustig« und macht (zumindest dem Menschen) überhaupt keinen Spaß mehr! »Blödes Spiel!«, denkt er dann und stellt sich – eingeklemmt zwischen Boxenwand und Selbsttränke – die bange Frage, wie er den aufdringlichen Burschen wieder loswird ...

Ist das Kind erst einmal in den Brunnen gefallen, holt man es so einfach nicht wieder raus. Unterbinden Sie solch ein Geschnüffel in Ihren Taschen deshalb rechtzeitig mit einem konsequenten »Nein!«. Seien Sie dabei beharrlich und geben Sie erst dann Ruhe, wenn Ihr Pferd die von Ihnen gewünschte Reaktion zeigt. Hat es verstanden, was Sie von ihm wollen, loben Sie es.

Es gibt auch Pferde-Kandidaten, die ihr Maul zwar nicht in die Taschen der Menschen, dafür aber in die Heuraufe tauchen und sich gar nicht darum

kümmern, wenn sie Besuch von ihrem »Chef« erhalten. Das darf auch nicht sein! Nichts in der Welt ist wichtiger als der »Boss!« – auch nicht das Futter! Ein wirklicher Chef akzeptiert solch ignorantes Verhalten nicht. Er wird die Aufmerksamkeit fordern.

Das entschlossen ausgesprochene Stimmkommando »Pass auf!« kann auch durch eine Geste wie Klatschen in die Hände begleitet werden. Wichtig ist jedoch das Stimmkommando. Es muss sich bei Ihrem Pferd einprägen, damit es weiß, dass es auf Sie zu achten hat, sobald es diese zwei Worte hört. Lassen Sie nicht locker, bis Ihr Pferd aufmerksam auf Sie achtet und Sie ansieht. Vergessen Sie anschließend das kurze, aber wichtige Lob nicht. Nur so weiß Ihr Pferd, dass es etwas richtig gemacht hat.

Sollten Sie mit einem Pferd umgehen, das Sie – kaum dass Sie die Box betreten haben – ohne Rücksicht auf Verluste anrempelt, dürfen Sie ruhigen Gewissens zu etwas härteren Mitteln greifen. Das ist dann nämlich kein Fall von »Ungeschickt lässt grüßen«, sondern ein sicherer Beweis dafür, dass Sie als »Herdenchef« nicht akzeptiert werden! Mit »härteren Mitteln« meine ich absolute Konsequenz! Ein solches Vergehen dürfen Sie niemals(!) durchgehen lassen.

Erheben Sie sehr deutlich die Stimme, sobald sich das Anzeichen einer solchen Reaktion zeigt und lassen Sie Ihr Pferd mit einem (immer gleich bleibenden) Kommando zurücktreten, z. B. »zurück!« oder »back!«. Notfalls helfen Sie nach, indem Sie Druck auf den Nasenrücken oder auf die Brust des Pferdes ausüben. Fordern Sie es dann mit »Pass auf!« dazu auf, Ihnen Aufmerksamkeit zu schenken. Wenn es Sie ansieht, loben Sie es; schaut es gleich wieder weg, holen Sie sich die Aufmerksamkeit wieder – so lange, bis Ihr Pferd die Be-

Kapitel 4

> *Ein rangniederes Pferd wird ein ranghohes Pferd niemals überholen oder umrennen! Das würde ihm schlecht bekommen.*

> *Wichtig ist: Üben Sie nur dann Druck aus, wenn Sie etwas von Ihrem Pferd wollen. Werden Sie passiv, sobald auch nur der Ansatz des gewünschten Erfolges sichtbar wird!*

reitschaft zeigt, einige Sekunden uneingeschränkt auf Sie zu achten.

Sie machen damit Ihrem Pferd das Richtige angenehm (indem Sie es in Ruhe lassen und den Druck wegnehmen) und das Falsche unangenehm (indem Sie hartnäckig die Aufmerksamkeit fordern und den Druck damit verstärken).

Sollte es Ihrem Pferd dennoch gelingen, Sie anzurempeln oder umzustoßen, so führen Sie es ruhig, aber bestimmt in die Box zurück und wiederholen Sie den Vorgang, bis sich Ihr Pferd Ihnen gegenüber entsprechend benimmt und es ruhig aus seiner Box treten kann.

Wenn Sie das einmal auf diese Art und Weise durchgeführt haben, wird es sehr bald keine Schwierigkeiten mehr geben. Natürlich müssen Sie trotzdem weiterhin die Aufmerksamkeit fordern. Das gilt für jedes Pferd, jeden Tag und immer wieder.

Das ist gar nicht so schwierig, wie es sich vielleicht anhört. Das Fordern der Aufmerksamkeit wird Ihnen – wenn Sie es konsequent beibehalten – sehr bald so in Fleisch und Blut übergehen, dass Sie gar

nicht mehr darüber nachdenken. Sie werden z. B. ganz automatisch am Halfter ziehen wenn Ihr Pferd den Kopf wegdreht und mit »Pass auf!« verbal unterstützen. Es ist wie beim Autofahren: Wenn man einmal weiß, wo sich Gas und Bremse befinden und wenn man immer wieder übt, funktioniert es bald »wie von selbst«.

Trainings-Situationen auf der Weide

Holen Sie Ihr Pferd von der Koppel, verhalten Sie sich ganz ähnlich. Seien Sie sich bewusst darüber, dass Ihr Pferd Sie höchstwahrscheinlich genauestens beobachtet und sich vielleicht fragt: »Na? – Wie ist er/sie denn heute drauf? Kann ich mich auch heute auf »meinen« Menschen verlassen?«

Demonstrieren Sie durch Mimik, Gestik und Stimmklang, dass Sie ein selbstbewusster »Herdenchef« sind. Wenn die Rangordnung zwischen Ihnen und Ihrem Pferd erst einmal geklärt ist, wird es sicher schon von alleine auf Sie zukommen. Loben Sie es, wenn es freiwillig zu Ihnen kommt. Es ist ein Zeichen dafür, dass es sich bei Ihnen sicher und wohl fühlt. Warum sollte es sonst freiwillig seine ihm Schutz und Geborgenheit bietende Herde verlassen und sich Ihnen anschließen? Freuen Sie sich ruhig über eine solche Reaktion – es ist ein echter Vertrauensbeweis!

Sollte sich Ihr Pferd Ihnen auf Zuruf nicht freiwillig nähern und es stattdessen vorziehen, gemütlich weiter zu fressen, dann gehen Sie Ihrem Pferd entgegen (ohne es einzuschüchtern und ihm Angst einzujagen). Bleiben Sie auch hier defensiv, senken Sie den Blick und schauen Sie Ihrem Pferd auch dann nicht direkt in die Augen, wenn es sich die Sache anders überlegt und Ihnen entgegengelaufen kommt. Wenn Sie es anstarren, wird es unsicher werden und vielleicht sogar wieder kehrt machen.

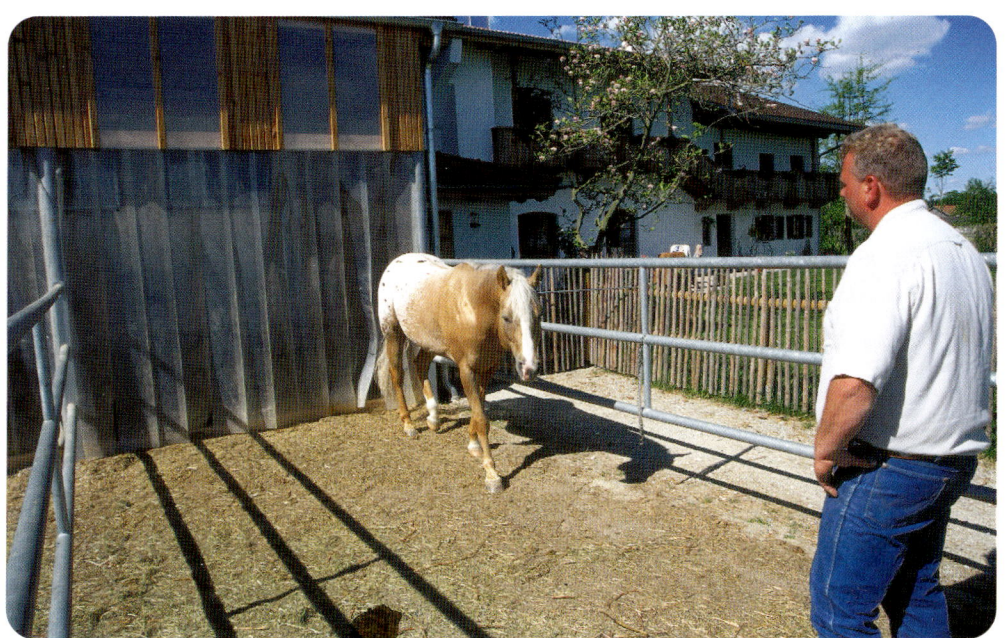

Die Arbeit mit dem Pferd beginnt bereits im Paddock.

Kommt das Pferd, trotz defensiven Verhaltens, dennoch nicht auf Sie zu, gehen Sie bis auf wenige Meter heran – nähern Sie sich so, dass Sie das Pferd von der Seite erreichen – und fordern Sie durch das bekannte Stimmkommando seine Aufmerksamkeit.

Läuft Ihr Pferd, obwohl Sie es schon länger haben, auf der Weide vor Ihnen davon, dann zeigt es Ihnen damit, dass es mit Ihnen als »Boss« nicht ganz einverstanden ist. Auch das wird sich ändern, wenn Sie die Beziehung zu Ihrem Pferd überdenken und die Rangordnung neu herstellen. Ein Pferd, das Sie als Chef akzeptiert, wird nicht länger vor Ihnen weglaufen! Überlegen Sie sich genau, was geschieht, wenn Sie Ihr Pferd von der Koppel geholt haben. Sind Sie ein gleichbleibend berechenbarer Herdenchef? Zum Beispiel beim Führen oder beim Putzen? Bei der Arbeit am Boden und im Sattel?

Jawohl, Boss! Sofort, Boss! Wird gemacht, Boss!

Fortbestand der natürlichen Rangordnung im Alltag

Nachdem Sie Ihr Pferd von der Koppel oder aus der Box geholt haben, setzt sich die konsequente Arbeit fort. Üblicherweise werden Sie danach beginnen, Ihr Pferd zu putzen und ihm Sattel und Zaumzeug anzulegen. Auch dabei muss die Aufmerksamkeit des Pferdes auf Sie gerichtet sein. Das kann nur funktionieren, wenn Sie ebenfalls achtsam sind!

Kapitel 4

Vergessen Sie nie das Lob für eine positive Reaktion Ihres Pferdes.

... in der Stallgasse

Sie haben Ihr Pferd gerade von der Weide geholt und binden es in der Stallgasse an. Ein Stallkollege, den Sie ewig nicht mehr gesehen haben, kommt um die Ecke und Sie halten ein »Schwätzchen«. Ihr (vorerst noch geduldig wartendes) Pferd gerät vorübergehend in Vergessenheit. Erst als man Sie darauf aufmerksam macht, dass Ihr Pferd gerade dabei ist, Ihren – auch vergessenen – Putzkasten auseinanderzunehmen, erinnern Sie sich: »Ach ja ... da war doch noch was?!« Und dann hechten Sie zurück zu Ihrem Pferd und stauchen es einmal ordentlich zusammen, weil es so furchtbar »unartig« war.

Sie denken vielleicht: »Na prima! Kann der ›Falko, Askan oder Fritz‹ nicht einen Augenblick ruhig stehen bleiben?«

Falsch gedacht! Ihr Pferd hat die (von Ihnen herbeigeführte) Situation keineswegs bewusst ausgenutzt! Ihm fehlte nur der ranghohe Mensch, der ihm zeigte, was richtig oder falsch ist!

Weil Sie unaufmerksam waren und keine Aufmerksamkeit von Ihrem Pferd verlangten, richtete es diese eben auf etwas anderes! In diesem Falle war es der Putzkasten, der die Neugier Ihres Pferdes weckte, und das ist absolut kein Grund, ihm einen Vorwurf zu machen!

Auch Situationen wie diese lassen sich immer wieder gut beobachten: Da steht Mensch zwecks notwendiger Schweifpflege hinter seinem Pferd. Dieses beginnt bald damit, sich vorsichtig rückwärts, seitwärts oder nach vorn zu bewegen. Sein Mensch ignoriert das zuerst noch relativ harmlose Gehampel. So kommt es, dass die beiden bald wie zwei Flamenco-Tänzer umeinander kreiseln. Schließlich murmelt Mensch, mehr wohlwollend als fluchend: »Meine Güte! Was ist denn heute wieder los?! Warum bist Du so unruhig? Nun bleib doch endlich einmal stehen!«

Das Pferd bleibt natürlich nicht stehen. Erstens, weil es mit seiner Aufmerksamkeit sowieso ganz woanders ist und zweitens, weil es das Gemurmel des Menschen, der da an seinem Schweif hängt, eh nicht verstehen kann. Was das Pferd jedoch versteht, sind klare, »stricte!« Anweisungen, die ruhig, aber bestimmt seine Aufmerksamkeit fordern. Nur sie zeigen Ihrem Pferd auf einfachste Weise, was Sie von ihm verlangen. Auch das wertvolle Stimmkommando »Steh!« wird Ihrem Pferd beweisen, dass Sie sogar in der Stallgasse ein aufmerksamer »Chef« sind, der genau weiß, was er will (und was er nicht will). Ihr Pferd weiß: »Mein Mensch ist keine Mogel-Packung! Der passt genau auf mich auf und wird mir auch signalisieren, wenn ›Pferdefresser‹ im Anmarsch sind.«

Beobachten Sie Ihr Pferd, während Sie es putzen: Sie dürfen ruhigen Gewissens von ihm verlangen, dass es dort zu stehen hat, wo Sie es möchten! Korrigieren Sie z. B. unerwünschtes Vorwärtstreten mit einem entschlossenen »Back!« und bringen Sie es in die richtige Standposition zurück. Wenn Sie nicht wollen, dass Ihr Pferd den Stallgassenboden nach Heu- oder Haferresten abrüsselt, während Sie es putzen, dann unterbinden Sie dies rechtzeitig.

Doch wann ist der richtige Zeitpunkt? Wenn Sie Ihr Pferd sehr gut kennen, werden Sie ihm ansehen, was es im nächsten Augenblick tun wird. Reagieren Sie nicht auf seine Gedanken, sondern reagieren Sie auf seine Tat. Nur so machen Sie es ihm möglich, seinen Versuch als Irrtum zu bewerten. Denken Sie einfach. Nur so kann Ihr Pferd verstehen, was Sie von ihm erwarten.

... beim Führen

Nach dem gleichen Prinzip wird gearbeitet, während Sie Ihr Pferd führen. Sein Platz dabei ist schräg hinter Ihnen und niemals vor Ihnen!

Ziel der Ausbildung sollte sein, dass Sie Ihr Pferd unangebunden stehen lassen können.
Hier scheint es aber gerade zu fragen: »Hey, passt Du überhaupt auf mich auf?«

Befindet sich das Pferd vor Ihnen und stürmt plötzlich los, haben Sie keine Möglichkeit mehr einzugreifen.

Sie sollten Ihr Pferd aus dem Augenwinkel heraus beobachten können, ohne es dabei direkt anzusehen. Nur so können Sie erkennen, ob Ihr Pferd in der Gegend herumschaut. Wenn dies der Fall ist, ziehen Sie an dem Führstrick und sagen deutlich: »Pass auf!«

Verlangen Sie seine Aufmerksamkeit! Wenn Sie es nicht tun, kann es Ihnen passieren, dass Ihr Pferd hinter Ihnen herschlurft, Sie durch die Gegend zieht oder anrempelt. Es entdeckt vielleicht spannende (vielleicht auch Furcht erregende) Dinge in der Umgebung und trifft dann die Entscheidung, sich die Geschichte näher zu betrachten. Sie sind derjenige, der die Entscheidungen trifft! Das können Sie nicht, wenn Sie selbst nicht aufpassen und müde durch die Gegend gehen. Nur wenn Sie wirklich wachsam sind, können Sie rechtzeitig handeln. Verpassen Sie den richtigen Zeitpunkt, wird es schwierig werden, die Situation noch zu »retten«. Hat sich Ihr Pferd erst einmal von Ihrer Hand losgerissen, können Sie sich fast nur noch auf Ihr Glück verlassen und hoffen, dass nichts Schlimmeres passiert.

Die Aufmerksamkeit des Pferdes auch beim Führen auf sich zu ziehen, ist keine Kunst. Der Umgang mit den bekannten Stimmkommandos ist dabei eine große Hilfe.

Mit der Zeit werden Sie feinste Signale der Unachtsamkeit bei Ihrem Pferd erkennen und können die Aufmerksamkeit mit dem Kommando »Pass auf!«

»Nicht so eilig, junger Mann!« Hier wird im nächsten Schritt versucht, wieder in die richtige Führposition zu kommen. Wir gehen in der Regel auf Höhe des Pferdekopfes.

zurückfordern. Helfend begleiten können Sie diese Aufforderung durch die Geste des erhobenen Zeigefingers.

Reagiert Ihr Pferd nicht, erhöhen Sie den Druck, indem Sie das Kommando wiederholen und gleichzeitig kurz, aber spürbar am Führstrick rucken. Der kurze Ruck am Führstrick ist wesentlich wirksamer als ein ewig andauerndes Ziehen und Zerren. Denn damit lassen Sie sich auf so eine Art Tauziehen mit Ihrem Pferd ein; bei diesem »Spiel« werden Sie immer verlieren.

Sollte Ihr Pferd gähnend oder gelangweilt hinter Ihnen herstolpern, können Sie es mit einfachsten Mitteln wieder »aufwecken«. Bleiben Sie hierfür einmal abrupt stehen und begleiten Sie Ihre Bewegung mit dem Stimmkommando »Steh!«. Ist die Rangordnung nicht geklärt, wird Ihnen Ihr Pferd nun geradewegs in den Rücken brettern, was für Sie Grund genug sein dürfte, die Stimme deutlich zu erheben und Ihr Pferd konsequent zwei bis drei Schritte rückwärts zu richten. Wiederholen Sie diese einfache, aber wirksame Übung, bis Sie sicher sind, die volle Aufmerksamkeit Ihres Pferdes zu haben. Vergessen Sie das kurze, anerkennende Lob nicht, wenn Sie erreicht haben, was Sie wollten. Am Anfang ist schon der Ansatz der richtigen Reaktion ein Lob für Ihr Pferd wert.

Es gibt Pferde, bei denen man etwas deutlicher »sprechen« muss, damit sie uns verstehen. Wenn jedes »Pass auf!«, »Steh!« und »Back!« trotz konsequenter Wiederholung keinerlei Erfolg zeigt, dürfen Sie den Druck weiter erhöhen. Ein kurzes

Auch hier schenkt das Pferd dem »Führenden« nicht seine volle Aufmerksamkeit.

Es folgt das Kommando »Pass auf!« und ein kleiner Ruck am Halfter, dann wird das Pferd wieder auf Sie aufmerksam.

Kapitel 4

Hochschnellen Ihres Ellenbogens (aus der Schulter heraus) kann in einem solchen Fall Wunder bewirken. Dabei dürfen Sie natürlich Ihrem Pferd den Ellenbogen nicht vor die Nase hauen. Die ruckartige Bewegung reicht aus, um dem »Übeltäter« deutlich seine Grenzen zu zeigen.

Manch ein Leser wird sich nun seufzend fragen: »Ja, um Himmels Willen! Darf ich nun nie wieder mit meinen Freunden reden, während ich mit meinem Pferd umgehe? Muss ich nun immerzu aufpassen?« Letztendlich ist dies eine Frage der Betrachtungsweise – und eine Frage der Persönlichkeit. Für jeden guten Pferdemenschen sollte das Pferd (solange er mit ihm umgeht) immer oberste Priorität haben. Sie verabreden sich ja auch nicht mit einem für Sie wichtigen Menschen, um ihn dann einfach links liegen zu lassen. Und das »Schwätzchen« können Sie sicher auf später verschieben.

Nein, im Ernst: Wenn Sie beginnen, mit »Be strict!« zu arbeiten, werden Sie sich sehr konzentrieren müssen und auf all die kleinen Dinge achten, die Sie vorher nie gesehen haben. Mit der Zeit werden Sie ganz selbstverständlich – ohne großartig darüber nachzudenken konsequent mit Ihrem Pferd arbeiten.

Falls Sie Probleme mit Ihrer Selbstdisziplin haben, scheuen Sie sich nicht, Gespräche oder andere Aktivitäten auf später zu vertagen. Wenn Ihr Pferd gut versorgt in der Box oder auf der Koppel steht, wird Ihnen noch genug Zeit bleiben, um alle anderen mehr oder weniger wichtigen Dinge in Angriff zu nehmen. Auch ein »Chef« kommt um ein zeitliches Management nicht herum.

Es liegt an Ihnen zu entscheiden, wie Sie am besten damit umgehen. Wenn Sie zu den bewundernswerten Leuten gehören, die zwei wichtige Dinge gleichzeitig erledigen können, dann bleiben Sie dabei.

Aber Sie können sicher sein, dass Ihr Pferd Ihnen zeigen wird, wenn es glaubt, zu kurz zu kommen.

Außerdem: Wenn die Basis stimmt, d. h. wenn die Rangordnung erst einmal geklärt ist, erledigt sich die Sache wie von selbst. Sie werden dann nicht mehr einen Großteil Ihrer Zeit damit verbringen müssen, Ihr Pferd zu korrigieren, sondern es wird stetig dazulernen. Sie beide werden zunehmend Fortschritte machen, solange Sie nur konsequent sind!

Gehen Sie neben dem Pferdekopf.
In der richtigen Position können Sie Ihr Pferd aus dem Augenwinkel heraus beobachten und es zur Aufmerksamkeit auffordern.

Wichtig ist, dass Sie den Spaß an der Sache nicht verlieren. Sehen Sie die Arbeit nicht zu verbissen und entwickeln Sie nicht den falschen Ehrgeiz, aus Ihrem Pferd in Windeseile ein absolutes »Verlasspferd« zu machen. Damit überfordern Sie nicht nur Ihr Pferd, sondern auch sich selbst!

Kapitel 4

Hier soll das Pferd etwas aufmerksamer werden. Mit dem Kommando »Pass auf!«
und einem kurzen Ruck wird das erreicht.

▬ Be strict – ganz praktisch

Füttern und Fressen

Liebe geht durch den Magen, sagt man. Aber gilt das auch für Pferde? Denn wenn Sie dauernd die Nase Ihres Pferdes in Ihren Taschen haben, dann läuft hier was schief. Es ist natürlich richtig, dass man ein Pferd für eine gute Leistung belohnt. Wobei die Betonung hierbei auf dem Wort »Leistung« liegt, denn ein braves, folgsames Verhalten sollte keine Superleistung, sondern etwas völlig Normales für Ihr Pferd sein.

Manche Pferde werden von ihren Reitern unbeabsichtigt sogar regelrecht zur Gier erzogen: So wird irgendwann das Leckerli vorab beim Entlassen des Pferdes auf die Weide nicht mehr freiwillig gegeben, sondern vom Pferd frech eingefordert. Oder das Pferd bekommt eine gutgemeinte »Belohnung« schon vor Beginn der Reitstunde – zunächst freiwillig gegeben, wird sie irgendwann zur Pflichtabgabe für den Reiter, ohne die man die Reitstunde gar nicht erst zu beginnen braucht. Durchforsten Sie Ihr Verhalten doch mal ehrlich darauf, wie oft Sie Ihr Pferd schon vorab für etwas »belohnen«, das es noch gar nicht geleistet hat. Natürlich möchte man seinem Pferd zeigen, dass man es mag und es gut mit ihm meint. Aber das übermäßige »Belohnen« kann auch gründlich danebengehen. Denn ein Pferd, das Leckerlis einfordert und sich nach Herzenslust in Ihren Taschen bedient, lernt auch schnell, bei saftigem Gras am Wegrand eigene Entscheidungen zu treffen.

Man sieht es immer wieder: Hat es der Reiter eilig, sein Pferd von der Weide in den Stall zu führen, ist zeitraubendes Fressen am Wegrand absolut tabu. Ist ein andermal der Zeitdruck weg, bummelt der Reiter und bleibt alle paar Meter stehen, wenn sein Pferd es wünscht, damit es sich das saftige, leckere Gras, das ungenutzt am Wegrand wächst, schmecken lassen kann.

Für das Pferd zeigt sich in dieser Situation ganz klar und deutlich, dass Sie mit dieser Inkonsequenz kein zuverlässiger Anführer sind. Denn wenn Sie sich schon bei »gefahrlosen« Entscheidungen unschlüssig sind, wie soll sich das Pferd dann darauf verlassen können, dass Sie bei »Gefahr« das Richtige tun bzw. in die richtige Richtung flüchten werden?

Wenn also Ihr Pferd selbsttätig entscheidet, ob und wann es am Wegrand frisst, müssen Sie beim Führen eindeutiger werden und aufmerksamer handeln. Auf Wegen mit besonders verlockenden Rändern empfiehlt es sich, zügig zu führen. Denn dann hat das Pferd schon von vornherein weniger Gelegenheit, nach Fressbarem zu spähen. Sobald Ihr Pferd auch nur den Ansatz macht, sein Maul in Richtung Busch oder Gras zu senken, zupfen Sie es mit dem Führstrick und einem deutlichen »Nein!« oder »Pass auf!« wieder nach oben. Oberstes Gebot: Das Pferd soll sich während des Führens voll auf Sie konzentrieren und nicht auf die Futtersuche am Wegrand. Entscheidend ist, dass Sie schnell reagieren, am Besten schon in dem Moment, wenn Sie nur spüren, dass Ihr

Mit geklärter Rangordnung und gut erzogenen Pferden sind auch solche Situationen ungefährlich.

Pferd beabsichtigt, sein Maul nach unten zu senken. Und hier sind wir schon wieder beim Thema »aufmerksam führen«. Denn wenn Ihr Pferd seine Nase bereits in Richtung Grün senkt, ist es streng genommen schon zu spät, weil das Pferd sich in diesem Moment für das Futter und gegen Sie als dem Führenden entschieden hat.

Um ein unnötiges Kräftemessen, das der Mensch ja sowieso verlieren würde, zu vermeiden, führen Sie also konsequent und zügig. Sie behalten Ihr Pferd dabei im Auge und ermahnen es, sobald es auch nur ansatzweise den Kopf in Richtung Boden senken will. Ganz wichtig: Egal, ob Sie es eilig haben oder nicht – die Konzentration auf Ihr Pferd ist immer die gleiche. Denn ein Pferd kann ja mit dem Begriff »Zeit-

druck« nichts anfangen. Auch hier gilt immer: Ein »Nein!« ist und bleibt ein »Nein!«, egal, ob mit oder ohne Zeitdruck. Übrigens hat dieses Vorgehen nichts mit übertriebenem Kontrollzwang zu tun, sondern kann Schlimmes verhindern. Zu manchen Jahreszeiten werden in vielen Gemeinden die Wegränder mit Unkrautvernichtungsmitteln gespritzt, ohne dass man es mitbekommt. Hat der erste Regen die Giftstoffe dann ins Erdreich geschwemmt und hat die Pflanze diese Stoffe mit den Wurzeln aufgenommen, kann das Pferd die Fremdstoffe nicht mehr riechen und sich mit Aufnahme der Gräser beim Fressen schwer vergiften.

Die gleiche Konsequenz wie beim Führen sollten Sie auch beim Umgang im Stall an den Tag legen. Spätestens, wenn Sie beim Füttern aus der Hand um Ihre Finger fürchten müssen, wird es Zeit, energisch dagegen zu arbeiten. Beginnt Ihr Pferd zu betteln, schieben Sie sanft, aber eindeutig seinen Kopf weg, begleitet von einem deutlichen »Nein!«. Schlagen ist natürlich absolut tabu – Ihr Pferd würde sich nur erschrecken und einen Lerneffekt können Sie vergessen. Aus tierpsychologischer Sicht ist es ganz wichtig, dass Sie nach dem »Nein« weiter Augenkontakt mit dem Pferd halten. Denn nur so kontrollieren Sie seine Reaktion. Den Blick in diesem Moment abzuwenden wäre fatal, weil Sie dem Pferd damit signalisieren: »Mir ist es jetzt eigentlich egal, was Du machst.« Und das wäre der zuvor erfolgten Mahnung des »Nein« natürlich genau gegenläufig.

Wenn Sie unbedingt Ihr Pferd mit einem Leckerli belohnen wollen, dann müssen Sie zumindest solange konsequent bleiben, bis Ihr Pferd seine »Belohnung« (für was auch immer) nicht mehr konsequent einfordert, sobald Sie nur in die Tasche greifen. Wenn das Pferd akzeptiert hat, dass Sie bestimmen, was und wann gefüttert wird, können Sie (selbst-)diszipliniert wieder damit beginnen, auch mal ein Leckerli aus der Tasche zu füttern. Klappt das aber gar nicht, sollten Sie auf Leckerlis jeder Art verzichten und es beim Streicheln und Loben belassen – und nicht mal »hü« und mal »hott«.

Ein ganz großes Problem, das sich in vielen Ställen zeigt, sind Pferde, die »ihren« Mensch angiften, sobald sich dieser der gefüllten Futterkrippe nähert. Auch hierbei zeigt sich dann, dass etwas in der Rangfolge Mensch-Pferd im Argen liegt, denn Sie als eigentlich ranghöheres »Pferd« hätten das uneingeschränkte Recht, Ihr Pferd jederzeit von seinem Futtertrog wegzuschieben und selber zu fressen. In einer Pferdeherde ist das etwas völlig Alltägliches und Normales und jedes Pferd wird das akzeptieren, wenn die Rangfolge eindeutig geklärt ist. Nähern Sie sich also dem Trog, und Ihr Pferd giftet Sie an, hat es nicht Angst um sein Futter, sondern zeigt Ihnen ganz deutlich, dass Sie (nicht nur) in dieser Situation der Rangniedrigere sind.

Ein möglicher Versuch, sich in dieser Situation etwas mehr Respekt zu verschaffen, ist es, wenn Sie das Pferd direkt nach dem Futterbringen erst mal vom Trog wegschicken. Halten Sie ca. 30 Sekunden das Pferd vom Futter ab – für das Pferd eine Ewigkeit – und geben Sie erst dann den Weg zum Fressen frei. In der Zwischenzeit hält auch hier ein energisches »Nein!«, verbunden mit einer abwehrenden Geste (kein Schlagen!) das Pferd auf Distanz. Aber Vorsicht – üben Sie so etwas in der Box nur, wenn Sie sich sicher sein können, dass Sie auch unbeschädigt wieder aus der Box herauskommen. Alles andere wäre pure und unnötige Selbstgefährdung, und die Arbeit an diesem Problem gehört in die Hände eines erfahrenen Profis. Nutzen Sie ein solches Verhalten, um Ihre Position gegenüber Ihrem Pferd zu überdenken und gezielt daran zu arbeiten – am Boden wie im Sattel.

Kapitel 4

Vertiefung und Festigung

der Mensch-Pferd-Beziehung

Kapitel 5

Parallel zu den Übungen, die ich Ihnen im letzten Kapitel beschrieben habe, gibt es noch weitere Trainingsmöglichkeiten, die Ihnen darüber hinaus helfen werden, die Beziehung zu Ihrem Pferd zu vertiefen und zu festigen.

Die weitere Arbeit mit Ihrem Pferd wird Ihnen nicht nur helfen, Reaktionen Ihres Pferdes besser einzuschätzen. Sie wird darüber hinaus auch ungeheuer nützlich sein, um das Vertrauen und die Rangordnung zu festigen.

Verschiedene Übungen (beispielsweise im Round Pen) könnte man auch als »Anti-Schreck-Training« bezeichnen. Die Konfrontation mit »Furcht erregenden« Gegenständen (wie Plastikplanen, Sprühflaschen, Gummischläuchen usw.) wird Ihrem Pferd zeigen: In der Gegenwart »meines« Menschen kann mir nichts passieren. Auch in Gefahrensituationen kann ich mich bei ihm sicher fühlen.

Für den Menschen werden »gefährliche« Situationen durch diese Übungen – auch über die Arbeit

Seien Sie tolerant!

An dieser Stelle ist es angebracht, noch einige Worte zur viel gerühmten Toleranz bzw. Akzeptanz zu sagen. Leider wird das Wort »Toleranz« in Reiterkreisen nicht immer groß geschrieben. Wenn es an Ihrem Stall weitgehend unüblich ist, mit Pferden am Boden zu arbeiten, dürften Sie mitunter mit etwas »seltsamen« (nicht immer netten) Reaktionen konfrontiert werden. Seien Sie sich bewusst darüber, dass Skepsis, die ja durchaus gesund sein kann, oder eine negative Grundeinstellung zum »Horsemanship« meist aus Unwissenheit entsteht oder das Ergebnis schlechter Erfahrungen ist. Kritisches Hinterfragen ist wichtig für jeden, der selbstständig mit seinem Pferd arbeitet. Lassen Sie sich durch negative oder kritische Reaktionen aus Ihrem direkten Umfeld nicht entmutigen. Bleiben Sie offen für Kritik und bewerten Sie diese nicht als persönlichen Angriff. Wenn Sie die Wichtigkeit der Lektionen erkannt haben, sollte Kritik für Sie eher ein Ansporn als ein Grund zur Resignation sein. Beweisen Sie Ihren »Gegnern«, dass Sie sich auf dem richtigen Weg befinden; verstecken Sie sich nicht – auch dann nicht, wenn Sie der »Exot« in Ihrem Stall sind! Kritische Diskussionen, die das Pro und Contra erörtern, können sehr fruchtbar für Ihre Arbeit sein. Erklären Sie, was Sie machen und welchen Sinn und Zweck Sie mit Ihrer Arbeit verfolgen. Bleiben auch Sie fair, wenn sich andere nicht ohne weiteres überzeugen lassen und Ansichten vertreten, die sich nicht mit Ihren decken.

Merken Sie sich: Mitleid bekommen Sie geschenkt, aber Neid müssen Sie sich hart erarbeiten!

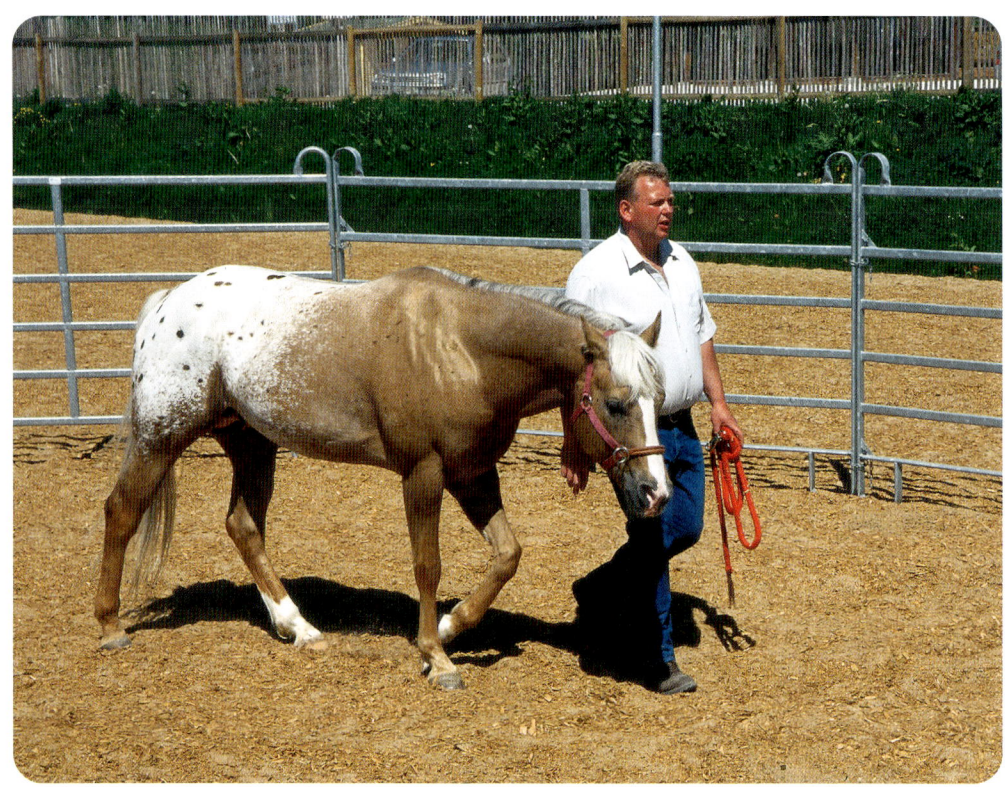

Diese Übung – das Gehen ohne Führstrick – sollte immer in einem umzäunten Gelände geschehen. »Verlieren« Sie Ihr Pferd, ist es dort kein Problem und Sie können es leichter wieder einfangen.

im Round Pen hinaus – an »Schrecken« verlieren, weil er dabei lernen wird, Verständnis für die Fluchtreaktionen seines Pferdes zu entwickeln. Durch die intensive Beobachtung des Pferdes beim Training und durch das Meistern solcher Situationen lernt auch der Mensch, entsprechend (ohne Angst) damit umzugehen. Das wird dem Menschen im Sattel mehr Sicherheit geben; vor allem dann, wenn unvorhersehbare »Gefahren« auftauchen.

Gewissermaßen trainieren Sie im Round Pen, in der Halle, auf dem Platz usw. nicht nur Ihr Pferd, sondern immer ein Stück auch sich selbst.

Das Halfter-Training – eine Frage der Phantasie

Abwechslung im Alltag mit »Be strict!«

Wer der Meinung ist, dass Erziehungstraining langweilig und fade sein muss, befindet sich auf dem Holzweg! Die Arbeit mit »Be strict!« lässt Ihnen genug Möglichkeiten für kreative Spielräume. Ihrer Phantasie sind beim Training nahezu keine Grenzen gesetzt.

Wichtig bei jeder Lektion ist, dass Sie absolut konsequent bleiben (mit Hilfe der bekannten Stimmkommandos), sich auf Ihr Pferd einstellen und immer ein Ziel vor Augen haben.

Vermeiden Sie dabei, sich Ihre Ziele zu hoch zu stecken! Wenn Sie z. B. das Ziel verfolgen, dass Ihnen Ihr Pferd auch ohne Führstrick überall hin folgen soll, dürfen Sie nicht erwarten, dass dies gleich beim allerersten Training erreicht wird. Erst, wenn die Übung am durchhängenden Führstrick ausgezeichnet funktioniert, können Sie vorsichtig damit beginnen, den Strick zu lösen (beachten Sie dabei aber unbedingt, dass sich Ihr Pferd auf einem eingezäunten Platz befindet!). Nur dann stimmt die Ausgangsposition; d. h. Ihr Pferd hat Sie als den ranghöheren Menschen akzeptiert. Und seinem ranghohen Menschen wird jedes Pferd gerne und freiwillig folgen – ganz egal, wo er auch hingeht. Beginnen Sie mit ganz kleinen Schritten! Wenn Sie von Anfang an nur schwer erreichbare Ziele vor Augen haben, demotivieren Sie sich selbst.

Gezielte Führ- und Stehübungen bezeichne ich als »Halfter-Training«.

Konfrontieren Sie das Pferd gezielt mit Furcht erregenden Gegenständen.

Es bietet sich an, für die Führ- und Stehübungen ein besonderes Arbeitshalfter zu verwenden, das Sie Ihrem Pferd erst anlegen, wenn Sie mit den Lektionen beginnen. Ihr Pferd wird bald registrieren: »Aha, wenn mein Mensch mit diesem Halfter kommt, beginnt die Arbeit.«

Normale Stallhalfter haben den Nachteil, dass sich viele Pferde nicht davon beeindrucken lassen, wenn Sie am Führstrick »zupfen«. Manche Pferde sind derart unempfindlich, dass sie der »Aufmerksamkeitshinweis« Ihres Ausbilders vollkommen kalt lässt.

Spätestens, wenn die Situation außer Kontrolle gerät (weil sich das Pferd z. B. plötzlich erschreckt und einen riesigen Sprung nach vorne macht), kommen Sie mit einem einfachen Halfter nicht weit. Das gilt nicht nur für Pferde, die sich schwer führen lassen. Mit einem Spezialhalfter ist das Training weniger anstrengend, weil das Pferd sensibler reagiert.

Ich habe daher mit einem Fachmann ein Spezialhalfter entwickelt, das Verletzungen nahezu ausschließt, aber seine Wirkung trotzdem nicht verfehlt.

Was erreicht man mit dem Halfter-Training?

Das Halfter-Training verfolgt das Ziel, die natürliche Rangordnung im Alltag zu erhalten bzw. fortzusetzen. Genauer gesagt, fordern Sie bei jedem Training die Aufmerksamkeit Ihres Pferdes und wenden die bereits bekannten Stimmkommandos im Rahmen gezielter Bodenarbeitsübungen an.

Damit zeigen Sie Ihrem Pferd: »Ich bin der ›Boss‹; du kannst mir vertrauen!« Das Halfter-Training festigt die Beziehung zu Ihrem Pferd; es wird mit jedem Training – ganz egal, wo Sie dieses durch-

Das Geitner-Halfter

Das Geitner-Halfter ist aus Nylon und hat einen weichen, geteilten Nasenriemen aus Leder, der bei einem Zug am Führstrick einen leichten Druck auf den Nasenrücken des Pferdes ausübt. Es ist außerdem so konstruiert, dass Sie den Führstrick unmittelbar an den Ringenden des ledernen Nasenriemens befestigen können, wenn Sie mit Ihrem Pferd arbeiten wollen. Dadurch wird der Druck minimal erhöht und Ihr Pferd wird sensibler auf Ihre Hilfen reagieren, z. B. beim Rückwärtsrichten.

Man kann die Longe an beiden Seiten einhängen und somit das Pferd auch sehr effektiv longieren. Ich habe von Kursteilnehmerinnen gehört, die das Geitner-Halfter sogar einem Sidepull vorziehen und es gerne zum Reiten verwenden, obwohl es ursprünglich gar nicht dafür gedacht war.

führen – lernen, auf die wichtigsten Stimmkommandos zu reagieren.

Wie funktioniert das Halfter-Training?

Das Halfter-Training ist keine spektakuläre, aber eine höchst wirkungsvolle Übungseinheit, die Sie an jedem beliebigen Ort durchführen können. Wenn Sie sich z. B. mit Ihrem Pferd in der Reithalle befinden, stellen Sie sich vor Ihr Pferd und achten Sie darauf, dass es Ihnen den Kopf zuwendet. Schaut Ihr Pferd zur Seite, fordern Sie es auf, wieder gerade in Ihre Richtung zu blicken. Dies errei-

chen Sie mit dem Stimmkommando »Pass auf!« oder auch »Attention!«. Der erhobene Zeigefinger Ihrer einen Hand und ein kurzer Ruck am Führstrick in die erwünschte Blickrichtung mit Ihrer anderen Hand unterstützt dabei Ihr Stimmkommando. (Wenn Ihr Pferd das Kommando erst einmal verinnerlicht hat, ist der Ruck am Führstrick oft gar nicht mehr notwendig.)

Achtet Ihr Pferd auch nur wenige Sekunden auf Sie, dann loben Sie es und wiederholen Sie den Vorgang. Das machen Sie so lange, bis Ihr Pferd längere Zeit (mindestens 15 Sekunden) gerade auf Sie blickt.

Sie haben so die Basis für die weitere Arbeit. Ihr Pferd konzentriert sich nun vollkommen auf Sie und auf das, was Sie weiter von ihm verlangen. Ich bin an dieser Stelle schon häufiger gefragt worden, welchen Sinn es macht, die Aufmerksamkeit des Pferdes zu fordern, wenn sich der Mensch direkt vor der Nase des Pferdes befindet. Es ist ja bekannt, dass Pferde in diesem Bereich nichts sehen können. Entscheidend ist jedoch nicht, dass das Pferd Sie sieht, sondern dass es auf Sie achtet; Ihnen also mit allen ihm verbleibenden Sinnen seine volle Aufmerksamkeit schenkt. Potenzielle »Pferdefresser« im Gelände oder in der Reitbahn »sieht« Ihr Pferd schließlich auch nicht immer; dennoch richtet es seine volle Konzentration in die »Gefahrenrichtung«, aus der z. B. ein unbekanntes Geräusch kommt.

Wenn Sie die Aufmerksamkeit Ihres Pferdes haben, führen Sie Ihr Pferd (idealerweise am durchhängenden Führstrick) im Schritt durch die Halle. Tempo und Richtung bestimmen Sie dabei! Lassen Sie sich keinesfalls von Ihrem Pferd überholen und sichern Sie sich immer wieder seine Aufmerksamkeit. Sobald Sie entdecken, dass es auch nur ein Ohr von Ihnen abwendet (die Richtung, in die Ihr Pferd seine Ohren »dreht«, zeigt an, wohin es sein Interesse/seine Aufmerksamkeit richtet), verlangen Sie seine Aufmerksamkeit mit »Pass auf!« und ggf. mit einem Ruck am Führstrick zurück. Dieses Signal muss kurz, prägnant und vor allem sofort kommen. Gehen Sie dabei weiter; bleiben Sie nicht stehen. Beschränken Sie sich nur auf den Einsatz der notwendigen Stimmkommandos – mehr braucht Ihr Pferd nicht, um Sie zu verstehen. Im Gegenteil: Der Einsatz Ihrer Stimme über das »Pass auf!« oder »Good boy/Good girl« hinausgehend, schafft für Ihr Pferd nur Verwirrung. Setzen Sie Ihre Stimme also bitte gezielt ein!

Erweitern lässt sich die Übung, indem Sie das zweite, ebenfalls bekannte Stimmkommando »Steh!« verwenden. Fordern Sie Ihr Pferd von Zeit zu Zeit auf, mit Ihnen stehen zu bleiben. Dabei achten Sie darauf, dass Ihr Pferd sofort steht und nicht erst ein oder zwei Sekunden später! Gelingt diese Übung perfekt, loben Sie Ihr Pferd kurz (!), indem Sie seine Stirn streicheln und wohlwollend mit ihm sprechen. Halten Sie sich nicht lange damit auf, sondern führen Sie die Lektion weiter fort. Am Anfang wird es Ihrem Pferd vielleicht nicht leicht fallen, sofort zu stehen, wenn Sie es verlangen. Es wird eventuell, um sich auszubalancieren, noch einen Schritt nachsetzen. Das ist ganz normal, sollte später aber nicht mehr »geduldet« werden (es sei denn, Ihr Pferd hat ein körperliches Handikap, das es ihm nicht möglich macht, abrupt zu stehen). Wenn Sie die Übung zum ersten Mal machen, reicht schon der Ansatz zum Stehenbleiben, um Ihr Pferd zu loben. Wenn Sie spüren, dass Sie mehr von Ihrem Pferd verlangen können, lassen Sie das Lob einfach weg und wiederholen Sie diese Übung wieder. Wenn es dann zum ersten Mal wirklich perfekt steht, loben Sie es überschwänglich, lassen es kurz stehen und beenden Sie danach die Arbeit!

Beherrscht Ihr Pferd diese Übung bereits, hat aber »gepennt« und bleibt nicht sofort stehen, richten Sie es energisch zurück (»Back!!!«). Umgehend nach dem zurechtweisenden Rückwärtsrichten wird die Übung wiederholt. Vergessen Sie niemals, sofort auf richtiges bzw. falsches Verhalten Ihres Pferdes zu reagieren. Nur so kann sich der Lernerfolg einstellen. Das setzt voraus, dass auch Sie Ihre volle Aufmerksamkeit auf Ihr Pferd richten! Wenn Sie Ihr Pferd genau beobachten, wird Ihnen die Geste des »Schleckens und Kauens« nicht verborgen bleiben. Sie zeigt an, dass Ihr Pferd Sie als den

Ist mein Pferd bei der Arbeit unaufmerksam ... kommen die kurzen »Rucke« am Halfter punktgenau an.
Sie zeigen dem Pferd was es darf und was nicht.

von oben nach unten:
Das Pferd sieht weg. Es wird wieder aufmerksam gemacht.
Immer wieder sagt man zu ihm: »Pass auf!«
Hier konzentriert sich das Pferd auf seinen Menschen.

Ranghöheren akzeptiert und sich sicher bei Ihnen fühlt.

Das Halfter-Training lässt sich an beliebigen Orten einsetzen; werden Sie kreativ.

Ist die Reithalle mal belegt? Kein Problem. Weichen Sie auf den Außenplatz, auf eine Wiese oder den Round Pen aus. Auch einen »Spaziergang« können Sie hervorragend dazu nutzen, mit dem »Be strict!-Halfter-Training« zu üben.

Sie werden sogar von solchen Ausweichmanövern profitieren, denn Ihr Pferd wird Ihnen an jedem Ort seine Aufmerksamkeit und sein Vertrauen schenken. »Anfängern« oder ängstlichen Menschen würde ich zu Beginn des Trainings eingezäunte Plätze empfehlen, an denen sich Pferd und Trainer sicher fühlen. Brechen Sie nichts übers Knie, wenn Sie noch unsicher sind. Ein unsicherer Mensch kann auch seinem Pferd keine Sicherheit bieten. Angst, Unsicherheit, Skepsis ... all das ist keine Schande, sondern eine ganz normale Schutzreaktion. Sie kennen sich selbst am besten und wissen, wann Sie sich und Ihrem Pferd mehr zutrauen können und ob Sie sich gemeinsam in etwas »brenzlige« Situationen begeben können oder nicht.

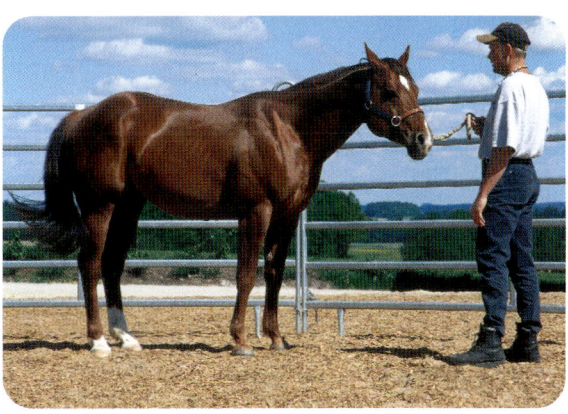

Unter dem »Deckmäntelchen der Angst« läuft Mensch manchmal Gefahr, immer wieder das gleiche, bereits bekannte (und damit sichere) Programm abzuspulen. Wenn Ihr Pferd in sicherer Umgebung die Übung beherrscht, greifen Sie ruhig zu unspektakulären Mitteln, um Abwechslung in die Übungen zu bringen. Probieren Sie aus, wie sich Ihr Pferd verhält, wenn Sie den Führstrick (natürlich in jener sicheren Umgebung) vom Halfter lösen. Arbeiten Sie daran, dass es Ihnen auch ohne Führstrick folgt.

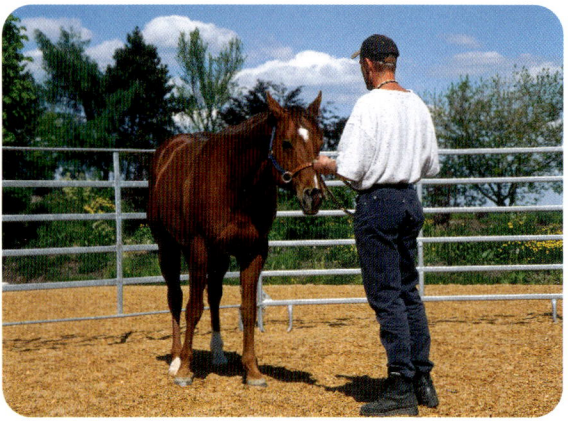

oben: Nochmal schaut es unkonzentriert in der Weltgeschichte herum.

unten: Nach dem erneuten Kommando »Pass auf!« achtet das Pferd nun auf seinen Menschen.

Oder »erschweren« Sie die Arbeit, indem Sie die Geschwindigkeit erhöhen und all die bekannten Übungen im Trab wiederholen. Nehmen Sie Cavaletti zur Hilfe, bauen Sie sich einen kleinen Parcours auf – nutzen Sie alle Möglichkeiten, die Ihnen Ihre Phantasie bietet! Später wird es Sie womöglich reizen, Ihrem Pferd beizubringen, an einem Ort unangebunden stehen zu bleiben, während Sie sich entfernen.

Bringen Sie als »Fortgeschrittene(r)« Abwechslung ins Training, indem Sie mit Ihrem Pferd z. B. durch einen Flattervorhang, über eine Plane oder eine Brücke gehen.

Lassen Sie sich nicht entmutigen, wenn Außenstehende Ihre Übungen als »Spielereien« bezeichnen. Das Halfter-Training soll zwar Spaß machen, ist aber alles andere als ein sinnloses Spiel! Sie werden für Ihr Pferd der ranghohe Mensch, dem es vertrauen kann – und Ihr Pferd wird für Sie das Pferd werden, auf das Sie sich immer und überall verlassen können. Schon bald sind Sie ein eingespieltes Team, das durch »dick und dünn« geht; ganz gleich, wie »schwierig« Ihr Pferd auch sein mag!

Im nächsten Teil werde ich Ihnen anhand einiger Beispiele aufführen, wie selbst so genannte »Problempferde« mit »Be strict!« und dem Halfter-Training erfolgreich korrigiert werden konnten. Doch vorher beschäftigen wir uns ausführlich mit dem »Anti-Schreck-Training«, welches Sie z. B. gut im Round Pen durchführen können.

Be strict – ganz praktisch

Drängeln

Es ist ein gewohntes Bild: Das Pferd drängelt, schubst und schiebt, wie es gerade mag. Wenn das Pferd den (berechtigten) Führungsanspruch des Menschen nicht akzeptiert, wird das schnell nicht nur unangenehm, sondern auch gefährlich für Mensch, Pferd und das unmittelbare Umfeld. Darauf angesprochen, haben viele Reiter natürlich sofort eine passende

»Ausrede« parat: »Der ist eben etwas heftig.« oder »Der regt sich schnell auf.« sind oft gehörte Entschuldigungen für ein absolut nicht zu tolerierendes Pferdeverhalten. Aber das Problem liegt hier, wie so oft, nicht beim Pferd selber, sondern in der ungeklärten Rangfolge in der Beziehung zwischen Mensch und Pferd.

Schubsen und Drängeln sind dabei aber keine absoluten Begriffe, sondern werden individuell von jedem anders empfunden. Grundlegend sollten Sie zunächst ehrlich und für sich klären, ob Ihr Pferd Sie tatsächlich in der Gegend herumschubst, oder ob Sie sich schon »bedroht« fühlen, wenn es sich Ihnen nähert und Ihren eigenen »Sicherheitsabstand« ungefragt unterschreitet. In der Psychologie nennt man den Mindestabstand zwischen zwei Personen, der von beiden noch als zumutbar empfunden wird, auch Individualabstand. Wird diese Mindestdistanz ungefragt vom Gegenüber unterschritten, wird das zunächst als unangenehm, später sogar als Bedrohung und Gefahr empfunden.

Einem drängelnden Pferd ist der Mensch an Masse natürlich deutlich unterlegen – aber wenn Sie Ihr Pferd aus (unbewusster) Angst heraus von sich wegschieben, spürt es Ihre Unsicherheit sofort und wird dadurch selber verunsichert. Diese unbewusste »Angst« vor Pferden ist übrigens gar nicht so selten – auch wenn das natürlich niemand offen zugeben wird. Es ist aber bei genauem Hinsehen kein Zeichen von Schwäche, sondern eigentlich ein

sinnvoller Selbstschutz, an dem man natürlich arbeiten kann und soll. Angst signalisiert man schon allein mit seiner Körpersprache. Möchten Sie ein Pferd führen und stehen Sie dabei stramm wie ein Soldat beim Morgenappell vor Ihrem Pferd, ist das natürlich kein Körpersignal, das dem Pferd Vertrauen in Ihre Person einflößt. Stehen Sie dagegen schulterbreit, also mit den Füßen in einer senkrechten Linie unter Ihren Schultern, signalisiert das Ihrem Pferd: »Hier stehe ich, das ist meine Position, die ich für mich beanspruche und von der du mich nicht wegdrängst.«

Ebenso wenig überzeugen Sie Ihr Pferd, sich Ihnen anzuvertrauen, wenn Sie beim Führen vor ihm hereilen – ein Bild, das immer wieder zu beobachten ist: Der Mensch geht meterweit vorweg, in einem »gebührenden« Abstand folgt das Pferd. Das gefährliche daran: Erschrickt sich das Pferd, weil es vielleicht einen Fußgänger oder einen aufspringenden Feldhasen hinter sich zu spät bemerkt hat, wird es bei der Flucht nach vorn unweigerlich den Mensch, der vor ihm herläuft, umrennen. »Führen« Sie daher nie ein Pferd hinter sich her. Der zweite ungewollte Effekt beim Vorweggehen vor dem Pferd ist folgender: In seiner Wahrnehmung zeigen Sie dem Pferd ganz deutlich, dass Sie der Rangniedrigere sind, weil Sie sich von Ihrem Pferd vor sich her treiben lassen. Schon aus Sicherheitsgründen sollten Sie also ihr Pferd stets neben sich herführen. Eine Distanz von mehr als 50 Zentimetern zu Ihrem Pferd öffnet dabei ebenso eine

Schlag- und Sprungzone, die Sie aus Sicherheitsgründen nicht zulassen sollten. Übrigens haben viele Pferde ein ganz subtile Art und Weise entwickelt, dem Mensch zu signalisieren, wer hier eigentlich wen führt; nur selten drängeln ungeduldige Pferde massiv den Menschen von sich weg. Gängige Praxis bei Pferden ist es hingegen, den Mensch ganz ohne körperliches Drängeln und Schubsen von seinem Weg und Ziel abzubringen, ohne das er es merkt. Es ist eben alles eine Frage des »wer bewegt wen?« Ein neugieriges Kopfdrehen zu der einen, ein Wegziehen des Kopfes zur anderen Seite, und schon ist die eigentlich vorgesehene Führ-Richtung dahin, das Führen wird zu einem Eiertanz. Eine Lösung für Probleme mit dem Führabstand lautet: Tempowechsel, klare, eindeutige Richtungsvorgaben und schulterbreiter Stand. Diese sehr präsente schulterbreite Standposition erschwert es auch den richtigen Dränglern, Sie von Ihrer Position wegzubewegen. Diese Körperhaltung signalisiert zudem Standfestigkeit schon allein über die Körpersprache – in beide Richtungen. Denn es gibt ja auch sehr dominante Pferde, die sich einem Menschen gegenüber körperlich sehr gezielt und eindrucksvoll aufbauen und

Das ungezogene Pferd achtet nicht auf den Menschen und drängelt rücksichtslos gegen ihn.

Respekt einflößen, ohne dass sie nur das Geringste getan haben.

Der nächste Punkt, nämlich bewusste Tempowechsel, hat eine verblüffende Wirkung. Denn wirklich konsequent durchgeführt signalisieren die Tempowechsel dem Pferd: »Ich bestimme, wann, wohin und in welchem Tempo wir gehen.« Nutzen Sie dabei optische Hilfsmittel. Sortieren Sie zunächst Ihr Pferd neben sich in einem Abstand von ca. 40 bis 50 Zentimetern und peilen sie ein optisch eindeutiges Ziel an, das Sie in Ihrem Tempo ansteuern. Drängelt das Pferd von hinten in Ihre Richtung, halten Sie es mit dem Ellbogen in gebührendem Abstand. Das Pferd darf nie unerlaubt diese Distanz unterschreiten. Bei Handwechseln ist es das Gleiche: Sie behalten Ihre Position bei, das Pferd hat in einer Wendung um Sie herum zu gehen oder hinter Ihnen die Seite zu wechseln.

Dafür halten Sie zunächst an und holen das Pferd neben sich, schulterbreites Stehen ist natürlich selbstverständlich. Durch kurze Zupf-Impulse am Halfter und an der Brust schicken Sie das Pferd dann rückwärts und holen es durch Zupfen am Halfter auf die gewünschte andere Seite neben sich. Gehen Sie erst wieder los, wenn das Pferd eindeutig, ruhig und aufmerksam neben Ihnen steht. Diese Art von Handwechsel üben Sie am besten von vornherein ohne Hilfsmittel, denn das Pferd hat sich auch ohne »Werkzeug« jederzeit von Ihnen in eine gewünschte Richtung dirigieren zu lassen. Dieses Verhalten ist keine unnötige Machtdemons-

tration dem Pferd gegenüber, sondern dient nicht zuletzt auch seiner eigenen Sicherheit. Denn müssen Sie z.B. mit Ihrem Pferd eine vielbefahrene Straße überqueren, ist es ein denkbar schlechter Zeitpunkt, etwaige Differenzen hinsichtlich des Zeitpunktes des Losmarschierens erst auf der Fahrbahn klären zu wollen. Hier muss das Pferd sich unterordnen. Die meisten Unfälle mit Pferden im Straßenverkehr basieren auf einer ungeklärten Positionsabfolge zwischen Mensch und Pferd. Auch aus diesem Grund ist schon »harmloses« Schubsen kein Kavaliersdelikt, sondern muss von vornherein unterbunden werden. Bewahren Sie Ihre Position immer bewusst, damit Sie in manchmal unvermeidlichen Stresssituationen (Turniervorbereitung, Straßenüberquerung, Ausritt in unbekanntem Gelände usw.) nicht erst damit beginnen müssen, irgendwelche Rangfragen mit Ihrem Pferd zu klären – dann ist es nämlich zu spät dafür.

Der entscheidende Punkt ist also, Drängeln oder Vorbeieilen schon im Keim zu ersticken. Denn als Mensch hat man keine Chance, ein 500 Kilogramm schweres Pferd, wenn es sich erst mal richtig ins Zeug gelegt hat, wieder zu bremsen. Sie können also Ihre Position Ihrem Pferd gegenüber nie mit Körpereinsatz, sondern nur mit Ihrer Geisteskraft unterstreichen und sichern. Ist es erst zu einer offenen Diskussion zwischen dem Pferd und Ihnen gekommen, hat bereits im Vorfeld etwas nicht funktioniert. Bewusste Konsequenz – eben »Be strict!«

Vertrauensbildung im Round Pen

Wer träumt nicht von dem Verlasspferd, das in jeder Situation cool und berechenbar bleibt?

Jedes Pferd kann immer nur so verlässlich sein, wie der Mensch, der mit ihm umgeht. Selbst ruhige Pferde können nervös und »spinnig« werden, wenn sie es permanent mit einem übervorsichtigen und unberechenbaren Menschen zu tun haben.

Verlasspferde werden gewöhnlich nicht als solche geboren; doch jeder Mensch, der Verständnis für die »Denke« des Pferdes als Flucht- und Beutetier entwickelt, kann sein Pferd mit Konsequenz zum Verlasspferd erziehen.

Wie Sie wissen, ist an der Tatsache, dass Pferde Flucht- und Beutetiere sind, erst einmal nichts zu ändern. Doch auch im Schutz seiner ihm Sicherheit bietenden Herdengemeinschaft wird ein Pferd nur dann Fluchtreaktionen zeigen, wenn ihm das ranghohe Alpha-Tier mittels seiner Körpersprache »Gefahr« signalisiert.

Die Vermeidungstaktik wird Ihnen auf Dauer nicht helfen, Reaktionen wie Scheuen oder Durchgehen in den Griff zu bekommen.

Je häufiger Sie Ihrem Pferd die Möglichkeit bieten, mit Ihnen als »Leittier« Gefahrensituationen zu meistern, desto schneller wird es verstehen, dass ihm in Ihrer Gegenwart nichts geschehen kann. Nur durch Erfahrung und Wiederholung kann es sich bei und mit Ihnen wirklich sicher fühlen. Das gilt sowohl für die Arbeit am Boden, als auch für die Arbeit im Sattel. »Be strict!« ist Basistraining. Daher ist es wichtig, das Vertrauen Ihres Pferdes zunächst am Boden zu erzielen. Später lässt sich dieses Training auf die Arbeit im Sattel übertragen.

Vertrauensbildende Maßnahmen im Sinne von »Anti-Schreck-Training« lassen sich auf unterschiedlichste Art und Weise erreichen. Zum einen können Sie z. B. das Halfter-Training im offenen Gelände dazu nutzen, Ihr Pferd an ungewöhnliche und damit Angst hervorrufende Situationen zu gewöhnen. Doch bevor Sie sich mit einem sehr ängstlichen, unerfahrenen oder jungen Pferd hinaus in die »Wildnis« wagen, ist es sinnvoll, das Training auf einen sicheren Ort (wie den Round Pen) zu verlagern.

Der Round Pen ist ein hoch eingezäunter (im Idealfall überdachter), runder Platz mit einem Durchmesser von ca. 12 bis 16 m. Der Boden sollte rutschfest und nicht zu tief sein, denn wenn sich Ihr Pferd auf rutschigem Boden unsicher fühlt, kann dies zusätzliche und unnötige Panik oder Stress verursachen.

Durch die hohe Einzäunung und die runde Form des Round Pen hat Ihr Pferd weder die Möglichkeit, sich Ihnen durch störende Einflüsse von außen zu entziehen noch in irgendwelchen Ecken mit Ihnen Versteck zu spielen.

Die Arbeit im Round Pen unterstützt also die Achtsamkeit Ihres Pferdes und wird ihm erleichtern, sich ausschließlich auf Sie zu konzentrieren. In Folge dessen können Sie Ihre Gesten auf ein Minimum beschränken und Ihr Pferd »lenken«, ohne sich dabei wesentlich von der Stelle zu bewegen. Anders als bei der Arbeit in einer Halle oder auf einem

Zur Vertrauensbildung ist es wichtig, Angst auslösende Situationen nicht zu meiden, sondern Ihr Pferd damit zu konfrontieren.

Mein Tipp

»Woher nehmen, wenn nicht stehlen?«, werden Sie sich vielleicht an dieser Stelle fragen. Kein Problem! Mit Hilfe von aufeinander gestapelten, kreisförmig aufgebauten Strohballen können Sie ganz passabel improvisieren.

Wenn Sie an Ihrem Heimatstall Gleichgesinnte finden, die handwerklich geschickt sind, können Sie sich in den Bau- und Heimwerkermärkten Ihrer Umgebung z. B. nach Holzstangen und Latten umsehen, die i. d. R. gar nicht so teuer sind. (Natürlich kann man bei Ausstattern von Reitanlagen fertige Round Pens beziehen.)

Sie sollten darauf achten, dass der Round Pen ausreichend Stabilität besitzt und nicht schon beim Flügelschlag des ersten vorbei flatternden Schmetterlings formschön in sich zusammensackt. Eine solche Konstruktion wäre eine Gefahr für Pferd und Trainer.
Außerdem müssen Sie immer damit rechnen, dass Ihr Pferd einen Ausbruchversuch unternehmen wird und eine allzu instabile Umzäunung durch gezielte Huftritte in einen Trümmerhaufen verwandelt.

Platz wird Ihnen so nicht schon nach fünf Minuten die Puste ausgehen. Sie können ganz entspannt mit Ihrem Pferd arbeiten – ohne, dass das Training zur nervenaufreibenden »Hetzjagd« wird.

Der Round Pen ist der ideale Ort, um das fundamentale Grundvertrauen zwischen Pferd und Mensch herzustellen und zu festigen. Auf dieser begrenzten Fläche lassen sich Pferde auch gut an Sattel, Trense und an den Reiter gewöhnen. »Unarten« wie Schlagen oder Steigen können dort ebenfalls korrigiert werden.

Die wohl bekannteste Trainingsmethode, die man mit der Arbeit im Round Pen in Verbindung bringt, hat der kalifornische Pferdetrainer Monty Roberts populär gemacht. »Join-Up« und »Follow-Up« machten ihn weltberühmt. Während seiner Vorführungen im Round Pen bringt er Pferde dazu, ihm binnen 10 bis 15 Minuten ohne Führstrick zu folgen – ein Zeichen dafür, dass er durch das vorangegangene Join-Up das Vertrauen und die Aufmerksamkeit des Pferdes erlangt hat. Bei dieser in sich aufgebauten Trainingsmethode folgt darauf dann das »Starten« (Gewöhnung an Sattel, Trense und Reiter).

Seit meinem prägenden und wegweisenden Treffen mit Monty Roberts werde ich immer wieder mit ihm und der Join-Up-Methode in Verbindung gebracht. Monty Roberts hat meine Art mit Pferden zu arbeiten sehr geprägt und ich habe viele Impulse für meine Methode daraus erfahren.

Nachdem ich bei der Anwendung des Join-Ups aber an Grenzen gestoßen bin, und immer wieder Pferde zur Korrektur bekommen habe, die von ihren Besitzern (durch falsche Anwendung) »überjoint« worden sind, trainiere ich im Round Pen nun etwas anders, denn ich erreiche mit meiner Methode dasselbe. Mit »Pass auf!«, der Übung, in der ich die

Round-Pen-Arbeit – das Pferd wird mit Nachdruck in den Zirkel geschickt.
Jeder Richtungswechsel wird vom Menschen eingeleitet.

Das Pferd wird »aktiv« vorwärts gearbeitet.

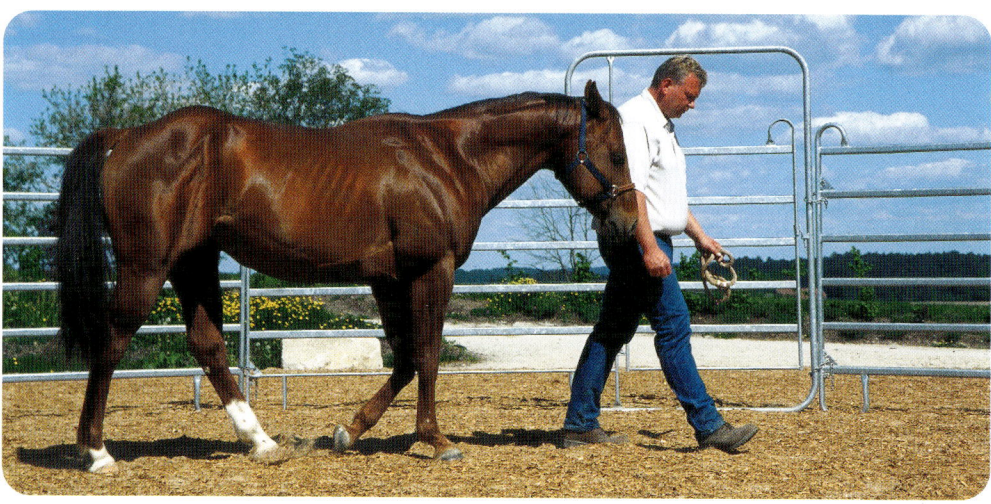

Das Ergebnis dieser Trainingseinheit ist: Das Pferd folgt dem Menschen ohne Strick. Das erreichen Sie durch »Halfter-Training« und »Pass auf!« in der Regel auch. Das ist vor allem weniger »aufreibend« für das Pferd.

Kapitel 5

Aufmerksamkeit meines Pferdes am Halfter fordere, schaffe ich die Basis für jeden weiteren Lernschritt. Egal, ob es darum geht Pferde anzureiten oder Ihnen unerwünschte Verhaltensweisen abzugewöhnen, ich beginne immer mit »Pass auf!«.

Auf diese Weise habe ich, oft mit Hilfe meines Freundes Robert Greska, Pferde ohne großen Zeitaufwand auf einfachste Weise korrigiert bzw. angeritten.

Anti-Schreck-Training im Round Pen

Wie bereits erwähnt, geht es in erster Linie darum, ein Fundament für eine erfolgreiche Pferd-Mensch-Kommunikation zu schaffen. Die Grundvoraussetzung dafür ist die uneingeschränkte Aufmerksamkeit Ihres Pferdes, ohne die keine effektive Kommunikation möglich ist.

Nehmen wir einmal an, Ihr Pferd mag keine lauten Geräusche und verfällt auch beim Reiten regelmäßig in Panik, wenn es unbekannte Geräusche hört. In diesem Fall bietet es sich an, Ihr Pferd für Geräusche jeglicher Art zu »desensibilisieren«, es also immer wieder in Ihrer (sicheren) Gegenwart damit zu konfrontieren. Dazu kommt auch die Angst vor jedem fremden Gegenstand.

Mit dem Anti-Schreck-Training können Sie gewissermaßen drei Fliegen mit einer Klappe schlagen:

• Erstens wird sich Ihr Pferd an die unterschiedlichsten Geräusche und Gegenstände gewöhnen (z. B. durch den Einsatz eines »Klappersacks«).

• Zweitens wird es schnell begreifen: »Wenn mein Mensch bei mir ist, bin ich sicher«.

• Drittens bekommen Sie mit der Zeit ein »Feeling« für die Körpersprache Ihres Pferdes und lernen, die ersten Anzeichen einer Fluchtreaktion deutlich zu erkennen.

Ich lasse Santee Champ an der Longe (die ich bei einem solchen Training nicht abnehme) und »treibe« ihn etwas mit dem Raschelsack.

Wenn Sie eine Fluchtreaktion vorher erkennen, hat das den Vorteil, dass Sie auch dann rechtzeitig eingreifen können, wenn Sie sich auf einem Geländeritt befinden. Denn wenn das Pferd erst einmal voller Panik losstürmt, ist es sehr schwierig, es »zurückzuholen«. Nur wenn Sie im richtigen Augenblick eingreifen, können Sie diese Gefahr abwenden.

Kennenlernen der fremden Umgebung

Wenn Sie zum ersten Mal mit Ihrem Pferd im Round Pen arbeiten, ist es sinnvoll, dem Pferd die Gelegenheit zu geben, sich diesen genau zu betrachten (in beiden Richtungen), denn es wird sein späterer Fluchtraum sein. Ihr Pferd läuft dabei frei.

Fordern Sie – in der Mitte stehend – zunächst einmal die Aufmerksamkeit Ihres Pferdes mit »Pass auf!« bzw. »Attention!«. Loben Sie Ihr Pferd, wenn es konzentriert auf Sie achtet.

Sollten Sie auch für das weitere Training im Round Pen einen Führstrick verwenden wollen, achten Sie darauf, dass dieser eine ausreichende Länge hat, um Ihrem Pferd genügend Raum zur Flucht zu ermöglichen.

Auch ich arbeite im Round Pen mit einem Strick, denn ich möchte erreichen, dass sich das Pferd mit Hilfe des Strickes kontrollieren lässt. Haben Sie es erkannt? Das Pferd lernt, sich am Strick und mit dem Geitner-Halfter wirklich sicher zu fühlen! (Das Geitner-Halfter streife ich dem Pferd erst dann über, wenn die Arbeit beginnt.)

Lässt sich das Pferd berühren?

Bevor Sie Ihr Pferd mit Sprühflaschen oder Regenschirmen konfrontieren, sollten Sie sicher sein, dass es sich von Ihnen an jeder Stelle seines Körpers berühren lässt. Das ist deshalb so wichtig, weil Sie

Ein Raschel- oder Klappersack ist schnell gemacht. Nehmen Sie einen Karottensack und füllen ihn mit leeren Blechdosen. Es ist ein prima »Trainingsgerät« für die Basisarbeit am Boden.

Ihr Pferd am Ende der Übungen am ganzen Körper mit dem Furcht erregenden Gegenstand abstreichen werden; und das wird es wohl kaum zulassen, wenn es sich von Ihnen ohnehin nicht anfassen lässt.

Übung mit dem »Klappersack«

Nachdem Sie Ihr Pferd auf sich aufmerksam gemacht haben, nähern Sie sich ihm mit dem klappernden Gegenstand. Klappersäcke können Sie übrigens ganz einfach selbst herstellen, indem Sie ein Einkaufsnetz nehmen, Blechdosen hineinfüllen und es anschließend gut verknoten, damit Ihnen

oben: Die erste Annäherung scheitert, Champi wird leicht panisch.

unten: Nun lasse ich ihn wieder laufen; er hat die Chance, selbst zu entscheiden, ob er sich den Raschelsack ansehen will oder nicht.

Kapitel 5

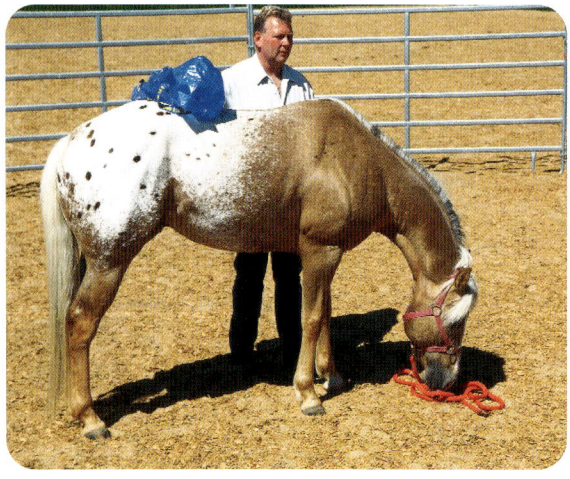

oben: Jetzt ist Schluss; mit dem Kommando »Steh!«
verlange ich, dass er sich mit dem Raschelsack auseinan-
dersetzt.
unten: Das Ergebnis: Champi hat sich beruhigt und lässt
sich den Körper mit dem Raschelsack abstreichen. Er
merkt ... mit »meinem« Menschen passiert mir nichts.

verstärken. Sie bleiben ganz ruhig und gelassen
und sehen Ihrem Pferd nicht direkt in die Augen.
Damit sagen Sie ihm: »Dieses Ding frisst überhaupt
niemanden. Du musst gar nicht weglaufen; ich bleibe auch ganz ruhig. Das Teil ist zwar laut, solange
du davonrennst, aber deshalb frisst es dich noch
lange nicht. Was hältst du davon, dir dieses Ding
mal anzusehen?«

Es liegt in der Natur des Pferdes zu flüchten und
erst dann zu sehen, was es so erschreckt hat. Nach
einiger Zeit werden Sie beobachten können, dass
Ihr Pferd seine natürliche Fluchtgrenze erreicht hat
und langsamer wird. Verpassen Sie diesen Moment
nicht, denn es ist der richtige Augenblick, um den
Druck (d. h. in diesem Fall: das Klappern mit den Dosen) zu verringern. Ihr Pferd wird merken: »Aha,
wenn ich langsamer werde, lässt der Stress nach ...«
Das Nachlassen des Drucks wird von Ihrem Pferd
als Lob verstanden. Schon bald können Sie registrieren, dass es Ihnen ein Ohr zuwendet, ggf. zu
schlecken und zu kauen beginnt, neugierig zu
Ihnen herüberschielt und vielleicht sogar sein
Fluchttempo nochmals reduziert. Das heißt so viel
wie: »Also ... ich weiß nicht ... Sieht ja komisch aus.
Hört sich aber gar nicht mehr so gefährlich an,
wenn ich langsamer werde. Na gut, ›Boss‹ ... lass
uns drüber reden ...«

Und Sie »antworten«, indem Sie den Druck weiter
verringern: »Klappersäcke fressen keine Pferde.
Aber sie können es nicht leiden, wenn man vor ihnen abhaut ...«, heißt das dann.

die Dosen beim Training nicht um die Ohren fliegen. Ein sehr ängstliches oder unerfahrenes Pferd
wird womöglich schon beim Anblick des Klappersacks zur Flucht ansetzen. Damit sagt es Ihnen:
»Hilfe! So was habe ich noch nie gehört oder gesehen.«

Während Ihr Pferd um Sie herumgaloppiert, erhöhen Sie den Druck, indem Sie die Klapperei etwas

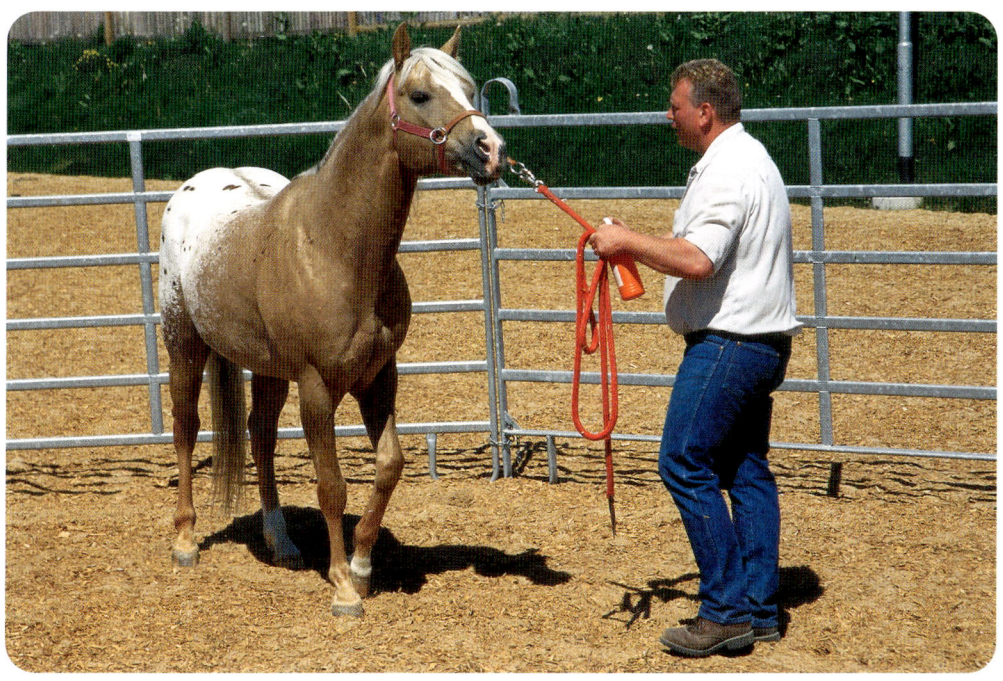

So gehe ich auch mit der Sprühflasche vor. Ich verlange die volle Aufmerksamkeit meines Pferdes.

Es ist nur eine Frage der Zeit, bis Ihr Pferd schließlich stehen bleibt und sich die Sache aus der Ferne genauer betrachtet. »Merkwürdiges Teil«, wird es wohl denken, »es scheint zwar nicht mein Feind zu sein, aber mein Freund ist es deshalb noch lange nicht. Was soll ich tun?«

Eine solche Reaktion sollte Sie dazu veranlassen, den Druck ganz von Ihrem Pferd zu nehmen, indem Sie z. B. den Klappersack auf den Boden legen und Ihr Pferd durch Ihre passive Körperhaltung (gesenkter Blick, entspannte Haltung) dazu auffordern, ebenfalls gelassen zu bleiben und sich das »Ungeheuer« noch genauer anzusehen. Auch das gehört zur Vertrauensbildung dazu. Eine in Ihrem Sinne getroffene Entscheidung (wie das Daraufzugehen und Beschnüffeln des Klappersackes) hat ein Lob zur Folge. Jede Entscheidung, mit der Sie sich nicht anfreunden können (z. B. erneute Flucht), werden Sie Ihrem Pferd unangenehm machen, weil dann kräftig weiter geklappert wird (Druck erhöhen). Kann sich Ihr Pferd weder dazu entschließen zu flüchten noch einen Schritt auf den Klappersack zuzugehen, gehen Sie ihm ruhig damit entgegen.

Manches Pferd wendet sich in dieser Phase sogar, scheinbar desinteressiert, ab. Es zeigt an, dass es in dieser Situation überfordert ist und keine Entscheidung treffen kann. Helfen Sie ihm auf die Sprünge, indem Sie den Druck erhöhen und fordern Sie die Entscheidung damit erneut heraus.

Das ist erfolgreiche Kommunikation zwischen Pferd und Mensch. »Sender« und »Empfänger« achten aufeinander und tauschen wechselseitig Ihre Rollen. Das Pferd fragt, Sie antworten ... Sie fragen Ihr Pferd, Ihr Pferd antwortet Ihnen ... Wenn Sie die

Kapitel 5

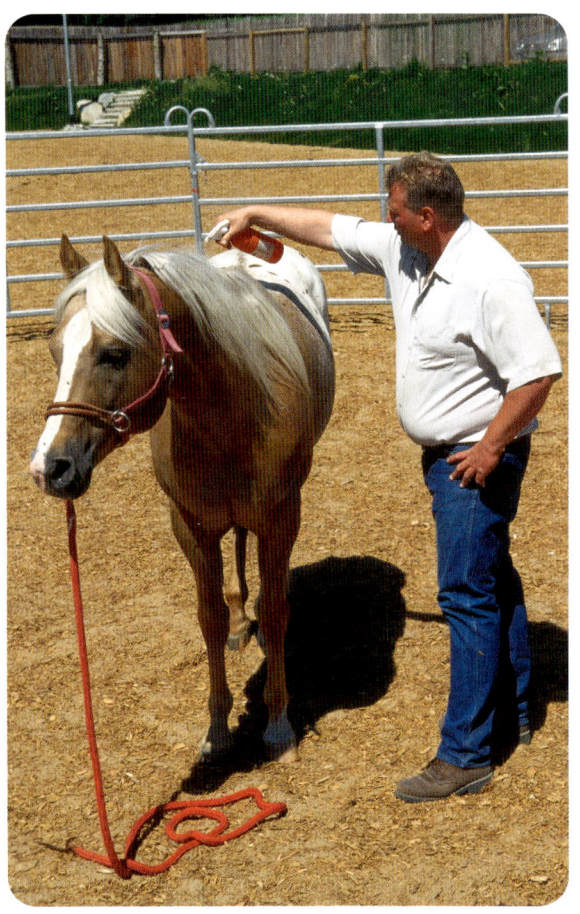

Champi könnte jederzeit »flüchten«. Er hat seine Furcht vor der Sprühflasche und deren Geräuschen verloren.

Fragen und Antworten – und damit die Körpersprache Ihres Pferdes – richtig zu deuten wissen, entsteht die Harmonie, die Sie anstreben.

Wenn Ihr Pferd sich dazu entschließt, den Klappersack genauer zu betrachten, bleibt der Druck Ihrerseits natürlich aus, denn Sie haben erreicht, was Sie wollten: Nicht flüchten, sondern hinsehen und »cool« dabei bleiben ...

Abschließend streichen Sie Ihr Pferd am ganzen Körper mit dem Gegenstand ab, was zum ganzheit-

lichen Lernerfolg beiträgt. Ihr Pferd hat so in Ihrem Beisein das »gefährliche Pferdemonster« mit allen Sinnen erfasst (gehört, gesehen, gerochen und gespürt).

Diese letztendlich positive Erfahrung, die es mit Ihnen und der drohenden »Gefahr« gemacht hat, wird es sich gut merken und mit der Zeit immer weniger schreckhaft reagieren.

Nach diesem Arbeitsschritt werden wir uns ansehen, welche Position Sie innerhalb der Rangordnungsstruktur tatsächlich einnehmen: Übergeben Sie den Raschelsack an eine fremde Person. Sie werden sehen, dass die veränderte Situation bei Ihrem Pferd i. d. R. eine leichte bis heftige Fluchttendenz auslösen wird.

An dieser Stelle bietet sich für Sie einerseits eine hervorragende Möglichkeit, Ihrem Pferd zu zeigen, dass es sich in Ihrer Gegenwart sicher fühlen kann. Andererseits werden Sie erleben, wie feinfühlig es in der Welt der Pferde aussieht; derselbe Raschelsack löst am gleichen Ort zwei unterschiedliche Reaktionen aus.

Diese Steigerung der Übung hilft Ihnen in Punkto Rangordnung ein gutes Stück weiter.

Je häufiger Sie das Training – auch mit anderen Gegenständen – anwenden, desto weniger wird Ihr Pferd Fluchttendenzen zeigen. Pferde haben ein ausgezeichnetes Erinnerungsvermögen und lernen schnell, Ihrem Menschen zu vertrauen, wenn sie diesen auch in Gefahrensituationen als den Ranghohen erleben. Das Anti-Schreck-Training ist vielseitig und bietet Ihnen Unmengen an Möglichkeiten, dieses abwechslungsreich zu gestalten.

Vorsicht!

Diese Art von Training erzeugt natürlich Stress bei Ihrem Pferd. Strapazieren Sie die Nerven (und Konzentration) Ihres Pferdes nach der erfolgreich abge-

Mein Tipp

Lassen Sie einmal Revue passieren und überlegen Sie, wovor Ihr Pferd in der Vergangenheit flüchtete. Gibt es Gegenstände, die ihm nicht ganz geheuer sind? Mag es keine Sprühflaschen, Gummischläuche, Plastikeimer oder Besen?

Im Round Pen bietet sich die beste Gelegenheit, Ihr Pferd an alle Angst einflößenden Gegenstände zu gewöhnen und ihm zu zeigen: »Pass auf! Ich bin in jeder Lebenslage dein »Boss« und du kannst mir immer und überall vertrauen!«

Der Sinn dieses Trainings besteht übrigens nicht darin, sämtliche – in unserem Leben vorkommenden – Ereignisse zu simulieren bzw. auf künstlichem Wege herbeizuführen; es geht einzig und allein darum, dem Pferd immer wieder zu zeigen, dass es bei Ihnen sicher ist und dass ihm nichts geschieht, solange es bei Ihnen ist und Ihrem Stimmkommando »Pass auf!« folgt.

schlossenen »Klappersack-Geschichte« nicht länger, indem Sie unmittelbar danach auch noch Gummireifen, Nachbars Katze und sonst was anschleppen. Ein solches Überangebot ist für das nervenstärkste Pferd zu viel.

Auch hier gilt: Beenden Sie das Training umgehend und belohnen Sie Ihr Pferd, indem Sie den Feierabend einläuten.

Der »Gaul« spielt nicht mit...

»Problempferd«-Korrekturen mit »Be strict!«

Seit ich den Entschluss gefasst hatte, selbstständig mit Pferden zu arbeiten und damit auch Probleme alleine zu lösen, habe ich mit vielen Fachleuten gesprochen. Dabei bin ich zu der Erkenntnis gekommen, dass jedes Problem zwischen Pferd und Mensch seinen Ursprung in der noch ungeklärten Rangordnung hat. Erleichternd kommt hinzu, dass Pferde einfach denkende Wesen sind, die alle nach dem gleichen Prinzip »funktionieren«.

Was Pferde brauchen, sind konsequente und vertrauenswürdige Menschen. Sie brauchen Menschen an ihrer Seite, die nicht gleichwertig oder ihnen gar unterlegen sind, sondern solche, die ihnen in Punkto Rangordnung um Nasenlängen voraus sind. Nur so kann eine Pferd-Mensch-Beziehung erfolgreich sein! Mit »Be strict!« erreichen Sie diese Ranghöhe (sowohl am Boden als auch im Sattel) und können auch so genannte »schwierige« Pferde besser in den Griff bekommen.

Für jedes Problem gibt es eine einfache Lösung; die Vorgehensweise ist vom Grundprinzip her – auch bei »Problempferden« – immer gleich.

Anhand von drei Beispielen aus meiner praktischen Erfahrung möchte ich Ihnen demonstrieren, wie einfach dieses Prinzip ist.

1. Beispiel: Die Araber-Stute Suleika

Als sich die Besitzerin der damals vierjährigen Stute mit mir in Verbindung setzte, hatte sie folgendes Problem:

Kapitel 5

Suleika sollte westernmäßig geritten werden und ihre Besitzerin suchte nach einem passenden Sattel für die Araber-Stute. Aus diesem Grunde wurde ein Fachmann zur Sattelanprobe bestellt. Suleika ist ein ausgesprochen waches und intelligentes Pferd und genau aus diesem Grunde ein wenig schreckhaft.

Um die Passform zu erkennen, stieg der Mann in den Sattel, den er ihr zuvor aufgelegt hatte, was die Stute bereits nervös machte. Anscheinend war ihr weder der Sattler noch das lederne Ungetüm auf ihrem Rücken ganz geheuer. Es kam, wie es kommen musste: Suleika fühlte sich als Beutetier von gleich zwei unbekannten Komponenten (fremder Mann und fremder Sattel) bedroht, folgte daraufhin ihrem ureigenen Fluchtinstinkt und drehte verständlicherweise komplett durch... Panisch galoppierte das Tier davon und riss dabei eine Umzäunung nieder.

Von dieser Stunde an (in der die Stute ihre Sicherheit gefährdet sah und um ihr Überleben kämpfte) war es nicht mehr möglich, das Pferd zu satteln, geschweige denn zu reiten. Allein der Anblick eines Sattels veranlasste Suleika dazu, sich an jenes traumatische Erlebnis bei der Sattelanprobe zu erinnern und dem entsprechend reagierte sie auch.

Die Besitzerin des Pferdes wusste weder ein noch aus, als sie mir Suleika vorstellte.

Mir war klar, dass diese ängstliche Stute einen Menschen benötigte, dem sie hundertprozentig vertrauen konnte und der ihr damit im Rang ganz deutlich überlegen ist.

In den ersten zehn Minuten unseres Aufeinandertreffens vermied ich jegliche Hektik und arbeitete sehr ruhig, aber konsequent mit Suleika. Mit Hilfe des Halfter-Trainings (»Attention!« / »Pass auf!«) brachte ich die Stute dazu, auf mich zu achten und mir ihre volle Aufmerksamkeit zu schenken.

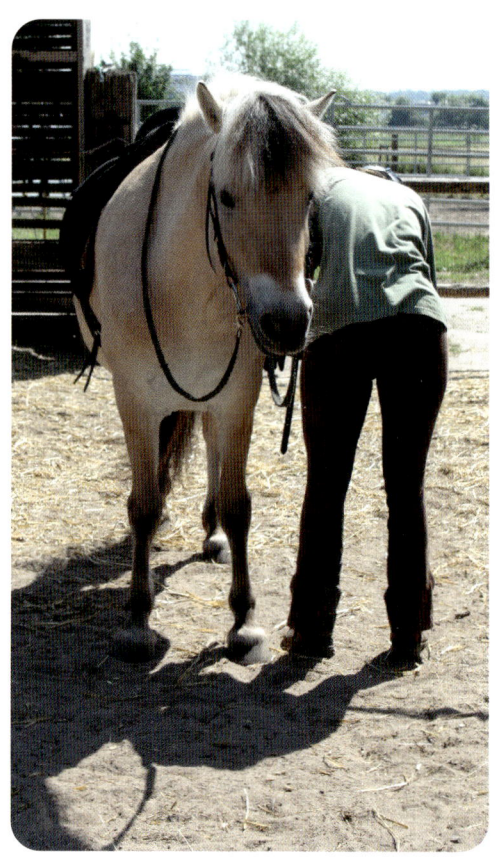

Gelassenheit beim Satteln kann man trainieren. Das Pferd bleibt auch unangebunden ruhig stehen.

Anschließend führte ich das Pferd in den Round Pen, wo ich es an die Longe nahm und es mit der Satteldecke touchierte.

Sobald Suleika Anstalten machte, sich zu entfernen, erhöhte ich den Druck, indem ich mit der Satteldecke herumwedelte. Wenn die Stute auf mich/auf die Decke achtete, nahm ich den Druck von ihr und verhielt mich ganz ruhig. Damit gab ich Suleika Zeit, sich die Sache genauer zu betrachten.

Doch die Pferdedame reagierte noch nicht auf die gewünschte Weise. Sie wendete sich ab, schien sich nicht mehr für die Decke zu interessieren und richtete ihre Aufmerksamkeit auf etwas anderes. Das ist eine ganz normale Reaktion, die viele Pferde an dieser Stelle zeigen: Wenn sie die Wahl haben, meiden sie Konfrontationen mit Angst auslösenden Gegenständen, bzw. Situationen. Da Suleika also noch nicht so reagierte, wie ich es von ihr erwartete, erhöhte ich den Druck erneut und schwenkte abermals die Satteldecke. Die Stute ergriff wieder die Flucht. Doch es dauerte nicht sehr lange, bis sie deutlich ruhiger wurde und ich sie schließlich sogar mit dem »Objekt des Schreckens« berühren durfte. Dabei beruhigte ich sie, indem ich ganz ruhig mit ihr sprach (»Good Boy« / »Good Girl« eignet sich wegen der langgezogenen Vokale besonders gut zur Beruhigung).

Bereits bei diesem allerersten Training akzeptierte Suleika – zum ersten Mal seit langer Zeit – wieder eine Satteldecke auf ihrem Rücken.

Beim zweiten Treffen legte ich der Stute den Sattel auf, ohne den Gurt zu befestigen. Denn bei Pferden, die solche Erfahrungen gemacht haben, ist das Verschnallen des Gurtriemens in der Regel der heikelste Moment. Suleika lief problemlos mit dem Sattel auf ihrem Rücken einige Runden durch den Round Pen.

Als wir uns dann zur dritten Trainingseinheit trafen, konnten wir den Sattelgurt verschnallen und Suleika außerdem mit dem Gewicht seiner Reiterin konfrontieren, die sich über den Sattel legte.

Eigentlich lief alles wie am Schnürchen, wenn da nicht bei Trainingseinheit Nummer vier dieses unbeabsichtigte Malheur passiert wäre: Ich sattelte Suleika im Round Pen während diese von ihrer Besitzerin festgehalten wurde. Noch bevor ich die Gelegenheit hatte, den Sattelgurt richtig festzuziehen, machte Suleika plötzlich einen Satz nach vorn, rannte an ihrer Besitzerin vorbei und galoppierte mit dem nur lose verschnallten Gurt wie gehetzt

durch den Round Pen. Das tat sie so lange, bis der Sattel schließlich unter ihren Bauch rutschte, was Suleika nicht gerade ruhiger werden ließ. Es dauerte mindestens 30 bis 40 Sekunden, bis wir die Stute von dem Sattel befreit hatten.

Wir dachten: »Das war`s! Finito! Die Kleine hat jetzt einen Knacks fürs Leben und jedes Fünkchen Vertrauen ist dahin.«

Trotzdem gaben wir nicht auf. Genau wie beim ersten Training verwendeten wir das gleiche Prinzip. Ich verlangte von Suleika, stehen zu bleiben und auf mich zu achten (»Be strict!«). Anschließend legten wir ihr den Sattel auf, ohne ihn zu verschnallen. Obwohl diese Wiederholung für Suleika allerhöchste Anstrengung und größten Stress bedeutete, wäre es absolut falsch gewesen, das Training nach dieser verpatzten Übungseinheit zu beenden. Denn: Beendet wird das Training immer nach einem positiven Erlebnis; ansonsten wird jedes weitere Training der absolute Horror für das Pferd, weil es sich beim nächsten Mal an dieses Negativ-Erlebnis erinnern wird. Im schlimmsten Fall hätte das bedeuten können, dass Suleika den Zutritt in den Round Pen bei der nächsten Übung aus Angst verweigert hätte.

Daher beendeten wir das Training erst, als Suleika sich einige Runden mit dem lose aufgelegten Sattel führen ließ.

Ich rede übrigens von »wir«, weil ich großen Wert darauf lege, mit den Besitzern zusammen zu arbeiten, denn es ist niemandem geholfen, wenn nur ich die entsprechende Rangordnung erreiche, der Besitzer aber anschließend alleine dasteht. Wenn das Training nach zehn Einheiten erfolgreich beendet wird, kann der Besitzer ohne große Schwierigkeiten selbstständig mit seinem Pferd arbeiten; er ist dann weder auf meine, noch auf die Hilfe anderer Leute angewiesen. Genau darauf kommt es für mich an:

Kapitel 5

Ich möchte selbstständig denkende und handelnde Pferdeleute, die nicht auf leere Versprechungen und auf meist gut gemeinte (aber oft unsinnige) Tipps hereinfallen.

Als Suleika mit ihrer Besitzerin zur nächsten Trainingseinheit erschien, konnten wir den Sattelgurt fest verschnallen. Und Suleika duldete ihre Reiterin im Sattel, ohne dabei in Panik zu verfallen.

Bei den weiteren Treffen erweiterten wir nach und nach den Zeitraum, in dem Suleikas Besitzerin im Sattel saß und wir beendeten die Korrektur wie erwartet nach der zehnten Trainingssequenz.

Heute wird Suleika ohne Stress oder Anspannung geritten und niemand ahnt, dass sie einmal derart schlechte Erfahrungen gemacht hatte.

Das Beispiel von Suleika zeigt uns u. a., dass Pferde keineswegs nachtragend sind. Sie geben ihren ranghohen Menschen gerne die Chance, von vorn anzufangen. Auf diese Weise dankt uns jedes Pferd für die Aufmerksamkeit, die wir ständig von ihm verlangen und es wird sich willig in das von uns geforderte Ranggefüge einordnen.

2. Beispiel: Der Spitz- bzw. Klopphengst Asmudin

Die Besitzer von Asmudin lernte ich samstags auf einem meiner Kurse kennen. An jenem Samstag war das Ehepaar ohne Asmudin zum Kurs erschienen. Sie berichteten mir, ihr Hengst sei ein sogenannter »Spitzhengst« (d. h.: Ein Hoden befindet sich in der Bauchhöhle und produziert Hormone, die das Pferd im Umgang schwierig machen). Aus meiner Erfahrung weiß ich, dass solche Hengste sich – noch milde ausgedrückt – nahezu grauenhaft aufführen können; natürlich bestätigen Ausnahmen die Regel, doch im Allgemeinen kann ich behaupten, dass Spitzhengste wirklich mit Vorsicht zu genießen sind. Es ist nicht ganz ungefährlich, mit ihnen umzugehen.

»Du kannst mich mal ...« Das Wegdrehen des Kopfes signalisiert deutlich, dass das Pferd gerade nichts mit dem Menschen zu tun haben will.

Nachdem mir die Besitzer erzählt hatten, dass Asmudin überhaupt nicht in der Lage war, sich zu konzentrieren und in Gegenwart von Stuten völlig »ausrastete«, brachten sie ihn sonntags zum Tageskurs mit.

Im Round Pen arbeiteten wir wieder nach dem bekannten Prinzip: Aufmerksamkeit fordern, Halfter-Training bzw. Führ- und Stehübungen ...

Asmudin erwies sich – wie erwartet – als kein besonders einfacher Fall. Es dauerte eine halbe Ewigkeit, bis ich endlich seine Aufmerksamkeit hatte. Doch kaum achtete er auf mich, da driftete er mir auch schon wieder weg, weil er irgendwo etwas Spannendes gehört oder gesehen hatte.

Trotzdem erreichte ich es, dass er nach einiger Zeit durch Schlecken und Kauen seine Zufriedenheit ausdrückte und mir immerhin wenige Schritte folgte, ohne mich niederzutrampeln (was vorher nahezu unmöglich gewesen war). Ich arbeitete also eine ganze Zeit lang sehr konzentriert mit: »Pass auf!«, »Steh!!!« und wieder: »Hey, pass auf!!!«, »Steh!!!«. Das Ergebnis wirkte erst einmal nicht besonders spektakulär und Fortschritte waren zunächst nur für Leute mit geschulten Augen erkennbar. Trotzdem: Die Wiederholung macht es aus!

So kam es, dass mich Asmudins Besitzer nach einer Woche anriefen und mir berichteten, sie hätten das Training mit »Be strict!« kontinuierlich durchgeführt und seien mit dem Hengst sogar beim Kirchweihfest gewesen, wo dieser ganz locker und cool durch den ganzen Trubel marschierte. Dabei ließ er seine Besitzer nicht aus den Augen und achtete auf sie, wann immer sie es von ihm forderten. Auch wenn man Asmudin als »dominant« gegenüber den Menschen bezeichnen könnte: In Wirklichkeit war er froh, dass seine Menschen ihm seinen Rangplatz zugewiesen hatten. Er wusste nun, dass er sich auf sie verlassen konnte. Nervosität, »Guckigkeit«, rücksichtsloses Getrampel usw. – alles lässt sich in den Griff bekommen, wenn man nur konsequent ist!

Turnierpferde müssen viel Vertrauen in ihre Reiter haben, um sich in unterschiedlichsten Umgebungen sicher zu fühlen.

3. Beispiel: Das Dressurpferd Sunny

Auch Sunny und deren Besitzerin lernte ich auf einem meiner Tageskurse kennen. Sunny nahm – und nimmt heute immer noch – an Dressurwettbewerben der Klasse S teil, trieb ihre Besitzerin beizeiten aber fast in den Wahnsinn, weil sie in fremden Hallen und auf fremden Plätzen auf unangenehmste Art und Weise den Aufstand probte. Laut Aussage der Besitzerin hatte Sunny sich nicht immer so verhalten. Die Schwierigkeiten waren plötzlich aufgetreten, ohne dass je der Auslöser für dieses Verhalten gefunden wurde. Aber das ist auch nicht so wichtig.

Selbstverständlich ist die Geschichte einzelner Pferde immer interessant und kann sehr aufschlussreich sein, aber man darf nie vergessen, dass die Lebensgeschichte von (fast) jedem Pferd von menschlichen Komponenten »durchfiltert« ist. Wie das Pferd eine solche Prägung umsetzt und bewertet, ist eine andere Geschichte. Das Training mit »Be strict!« ist immer ein totaler kommunikativer Neubeginn für Pferd und Reiter; daher spielt die Vergangenheit keine übergeordnete Rolle.

Kapitel 5

Als Sunny aufgestallt wurde, war bereits deutliche Nervosität festzustellen. Die Besitzerin wies mich jedoch darauf hin, dass das Aufstallen nicht das große Problem sei. Echte Schwierigkeiten, sagte sie mir, würden auftreten, sobald Sunny in die Halle musste.

Logisch, dass wir Sunnys Problem, bzw. mehr das ihrer Besitzerin, nicht erst am »Ort des Schreckens« kurieren könnten. Sunny musste erfahren, dass sie ihrem ranghohen Menschen absolut vertrauen kann – und zwar nicht erst beim Betreten der Halle! So kam es, dass ich bereits außerhalb der Halle und des Round Pens ihre Aufmerksamkeit forderte. Binnen kürzester Zeit begann Sunny zu schlecken und zu kauen und ließ sich widerstandslos von mir in die fremde Halle führen.

Die Besitzerin hatte sich zuvor an vielen Stellen vergeblich Rat geholt, dabei ist die Lösung so einfach!

Aus Erzählungen der Dame weiß ich, dass sie das alte Problem lösen konnte und heute alle Turnierveranstaltungen ohne Stress besuchen kann.

In Sunnys Fall reichte es völlig aus, ihre Aufmerksamkeit zu fordern. Ihre Besitzerin machte noch vor Ort mit ihrer Stute die Übungen und führte diese auch später konsequent zu Hause durch. Für jeden kleinen Fortschritt wurde Sunny gelobt und so lernte auch dieses wache und intelligente Pferd schnell dazu und wurde binnen kürzester Zeit eine verlässliche Begleiterin.

Mit jedem Pferd, dass mir zur Korrektur vorgestellt wird, arbeite ich (natürlich mit dem Besitzer gemeinsam) immer nach dem gleichen Schema; außerhalb meiner Tageskurse oft nach der »Zehn-Tage-Trainingsregel« (s. Beispiel 1).

Zunächst wird die Aufmerksamkeit gefordert (das gilt z. B. auch für beißende, schlagende oder steigende Pferde), es folgt das Halfter-Training und danach widmen wir uns dem eigentlichen Problem.

Natürlich ist bei dem Umgang mit »angriffslustigen« Pferden immer besondere Vorsicht geboten. Trotzdem dürfen Sie niemals aus den Augen verlieren, dass kein Pferd dieser Welt angriffslustig und zornig geboren wird. Wir Menschen machen ein Pferd zu dem, was es ist, weil wir es nicht pferdegerecht behandeln. Wir tüddeln herum, wir schlagen drauf, wir unterstellen den Pferden menschliches Denken. Das schadet der Pferdeseele und hinterlässt Spuren, die wir uns oft selbst zuzuschreiben haben.

Wenn Sie es mit einem Pferd zu tun haben, das z. B. zum Beißen neigt, dann handelt es sich hier gewöhnlich um ein völlig verunsichertes Pferd mit einem gestörten Verhältnis zu Menschen. Es hat gelernt: »Wenn ich ein bisschen herumschnappe (schlage oder trete) lässt mich dieser unzuverlässige Gefahrenherd »Mensch« in Ruhe …«

Lassen Sie es nicht in Ruhe, wenn es nach Ihnen schnappt oder tritt; nähern Sie sich defensiv, senken Sie den Blick und demonstrieren Sie: »Ich habe nichts Böses im Sinn. Ich bin anders als die Menschen, die du kennen gelernt hast …« Kapitulieren Sie nicht, signalisieren Sie: »Ich bin dein Boss. Du beeindruckst mich nicht. Ich habe Stärke und du kannst mir bedingungslos vertrauen …« Fordern Sie die Aufmerksamkeit und loben Sie das Pferd, sobald es nicht mehr nach Ihnen schnappt; das wirkt oft Wunder.

Auf meinen Kursen wird häufig mit so genannten Problempferden gearbeitet, die den Kursteilnehmern gehören. Dabei ergibt sich die Schwierigkeit, dass sich gerade solche Pferde schlecht verladen lassen und »Problempferde« gar nicht erst bei mir ankommen, weil sie sich weigern, den Hänger zu betreten.

Auch beim Verladen kann »Be strict!« eine große Hilfe sein, wie Sie im nächsten Kapitel erfahren werden …

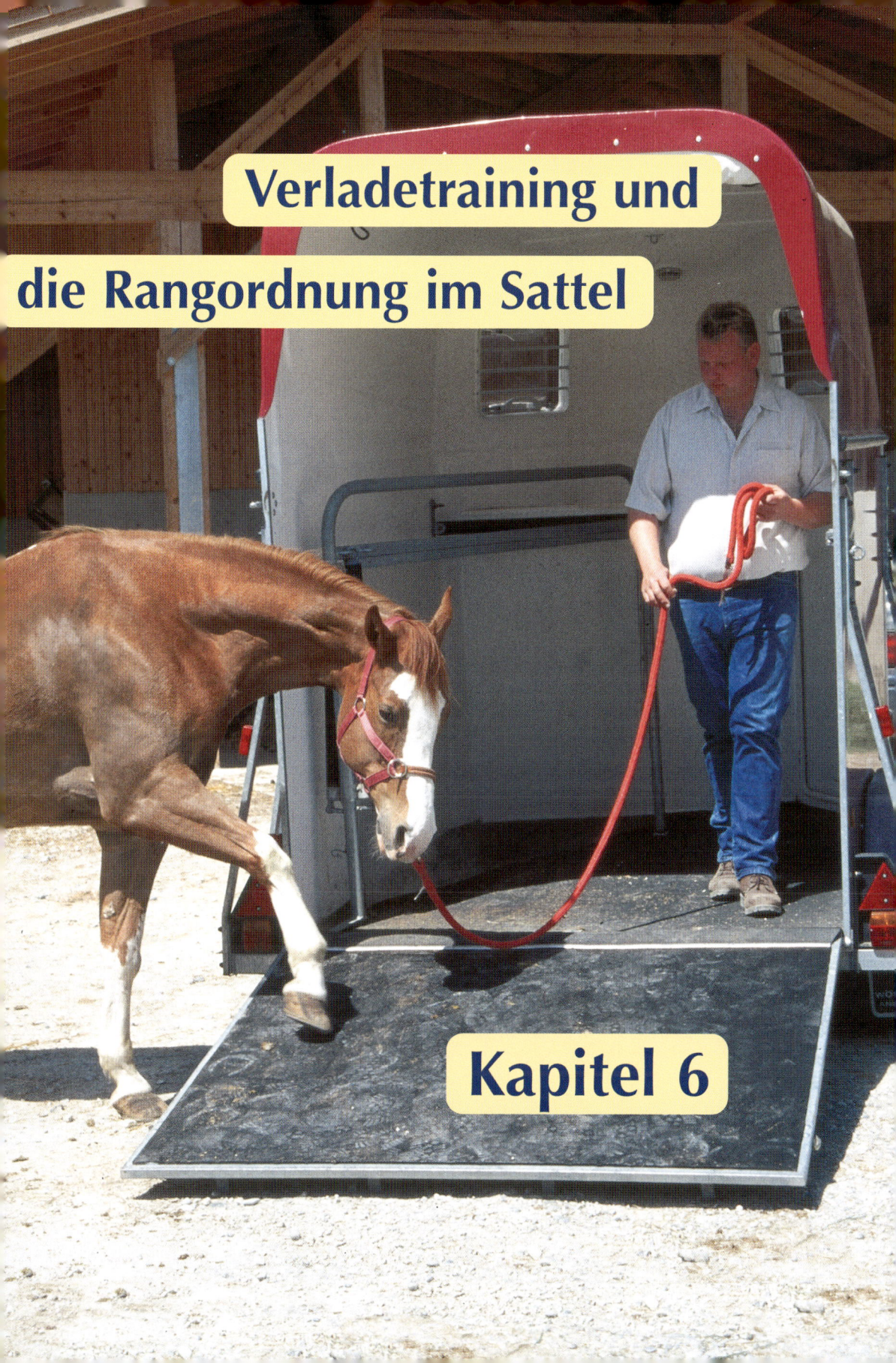

Verladetraining und die Rangordnung im Sattel

Kapitel 6

Die Trennwand auf eine Seite wegklappen,
damit das Pferd mehr Raum hat.

Ich möchte hier auf zwei Probleme eingehen, die in der Praxis weit verbreitet sind.

Wie ich schon erwähnt hatte, tauchen einige der »Problempferde« bei meinen Kursen gar nicht erst auf, weil sie sich weigern, den Hänger zu betreten. Dennoch kommt das ein oder andere »Anti-Verlade-Pferd« bei mir an, wenn auch unter den größten Schwierigkeiten. Wenn ich die Besitzer dann frage: »Wie seid ihr denn hierher gekommen, obwohl sich das Pferd so schwer verladen lässt?«, schildern mir die Besitzer solcher Pferde sehr

anschaulich die katastrophalen Zustände, unter denen das Pferd letztlich doch noch auf den Hänger gebracht wurde.

Die einen versuchen ihr Pferd sanft – und mit Leckerlis – zu »überreden« und brauchen (wenn das überhaupt hilft) mindestens drei Stunden, bis sich das Pferd entschließt, doch noch den Transporter zu betreten. Die anderen trommeln alle Nachbarn und Stallkollegen zusammen und »scheuchen« ihr Pferd mehr oder weniger in den Hänger hinein, bis am Ende alle schweißgebadet sind. Manche geben auch reumütig zu, dabei Gewalt angewendet zu haben. Zu welchen Mitteln dabei manchmal gegriffen wird, mag ich hier gar nicht weiter ausführen.

Gewalt entsteht immer dann, wenn der Mensch nicht mehr weiter weiß – sie ist gewissermaßen der Ausdruck von Schwäche, Kapitulation und Hilflosigkeit. Hinzu kommt, dass die erste Prägung, die der Mensch beim Umgang mit Pferden erhalten hat, immer wieder durchdringt. Wenn der Mensch »gelernt« hat: Pferde die nicht »funktionieren« gehören bestraft, dann wird genau diese Prägung in solchen Augenblicken (in denen man ratlos und wütend wird) wieder durchbrechen. Das Gefühl verdrängt die Rationalität und hat häufig verheerende Folgen, die mit deutlichen Rückschritten einhergehen.

Diese Erklärung ist selbstverständlich keine Entschuldigung für ein solches Verhalten; Gewalt lässt sich nicht entschuldigen! Leider ist sie – gerade wenn es um das Verladen und um das Reiten geht, noch allzu oft verbreitet.

Es geht anders und es geht auch besser. Das gilt für die Arbeit am Boden genauso wie für das Verladetraining und das Training im Sattel.

Damit sind wir auch schon beim zweiten »großen« Problem. Ich werde immer wieder gefragt, wie sich

meine Methode auf das Reiten übertragen lässt. Die simpelste Antwort darauf lautet: »Ganz einfach! Werden Sie auch im Sattel für Ihr Pferd der ranghohe Mensch, dem es vertrauen kann ...«

Doch mit dieser Antwort gibt sich kaum jemand zufrieden. Sie sagt in den Augen der meisten Kursteilnehmer nichts anderes aus als die beliebte Reitlehrer-Floskel: »Setz dich durch!« – Toll! – Und wie?

Reisen ohne Stress und Angst

Verladetraining mit »Be strict!«

Bevor wir uns damit befassen, wie Pferde angstfrei verladen werden können, beschäftigen wir uns damit, warum einige unserer Pferde partout nicht auf den Hänger marschieren wollen.

Die Frage nach dem »Warum« ist wichtig, denn nur wenn wir wissen, wie unser Pferd Situationen empfindet und bewertet, können wir angemessen reagieren. Ohne Verständnis reagieren wir falsch und werden es niemals schaffen, Vertrauen aufzubauen.

Was bedeutet es also für das Pferd, verladen zu werden?

Überlegen Sie einmal: Was geschieht normalerweise, nachdem Sie Ihr Pferd (oft mit »Hängen« und »Würgen«) in den Hänger bugsiert haben? Sie karren in die Tierklinik, zum Turnier, fahren auf irgendwelche Veranstaltungen ... Aus welchem Grunde sollten Sie Ihr Pferd wohl auch sonst transportieren?! Falls sich Ihr Pferd ohnehin schlecht verladen lässt, setzen Sie sich garantiert nicht aus Spaß die-

Positive Erfahrung!

Lassen Sie Ihr Pferd die Erfahrung machen, dass das Verladen nicht mit unangenehmen Folgen verbunden sein muss! Unternehmen Sie einen kleinen Ausflug mit Ihrem Pferd. Fahren Sie dazu an einen schönen Platz, wo Sie Ihr Pferd in aller Ruhe grasen lassen und fahren Sie nach dem »Dinner« wieder zurück in den Stall.

Ihr Pferd registriert: »Oh toll! Wenn ich in den Kasten marschiere, darf ich danach fressen ... super!«

Sie werden staunen, welche große Wirkung dieser kleine Trick haben kann! Wenn Sie diese Verladeübung regelmäßig in das Training einbauen, zwischendurch mal zum Tierarzt fahren oder zum Turnier, verliert die Prozedur ganz automatisch ihren Schrecken.

ser Tortur aus. Folglich verladen Sie Ihr Pferd ausschließlich dann, wenn es sich nicht vermeiden lässt. Und wann lässt es sich nicht vermeiden? Wenn ein Besuch beim Tierarzt ansteht oder das nächste Turnier vor der Tür steht.

Nachdem Sie den letzten Satz gelesen haben, sollten bei Ihnen eigentlich schon alle Alarmglocken bimmeln. Bleibt das Klingeln aus, dann überlegen Sie mal weiter: Was bedeutet es denn für Ihr Pferd als Beutetier, wenn es mit fremden Plätzen, Geräuschen, Situationen konfrontiert wird (und wenn Sie noch nicht der ranghohe Mensch für Ihr Pferd

Vor dem Verladen immer die Verschlüsse nach innen klappen.

Spezies 2: Pferde, die dem Menschen »nur« signalisieren: »Du kannst dich meinetwegen auf den Kopf stellen. Ich gehe mit dir nicht da hinein! Ich vertraue dir nicht!«

Zu der seltenen Spezies 1 kann ich Ihnen sagen: Einem solchem Extremfall muss Zeit gegeben werden. Es wäre unseriös, zu behaupten, dass ich in so einem Fall Wunder vollbringen könnte. Außerdem ist es ein Ammenmärchen, wenn jemand großspurig behauptet: »Wenn ein Pferd nicht an einem Tag in den Hänger geht, wird es niemals hineingehen.« Das ist Unsinn. Ich habe einmal ein solches Pferd erlebt. Es stand ca. 20 m von dem Hänger entfernt und begann zu zittern, wenn es den Transporter auch nur sah. Es schwitzte, bebte, blähte die Nüstern und duckte sich förmlich. Dieses Pferd ließ sich noch nicht einmal dazu bewegen, den Hänger auch nur anzusehen.

Zugegeben: Solche Fälle sind tatsächlich eher selten. Nur mit Verständnis, freundlicher Konsequenz und Ruhe können diese Pferde »kuriert« werden.

Am ersten Tag genügt es völlig, das Pferd dazu zu bringen, die Nähe des Hängers zu dulden, am zweiten Tag führt man es etwas näher an den Hänger heran, am dritten Tag wagt man sich noch einige Schritte weiter und so tastet man sich ganz langsam und geduldig voran, ohne sich und das Pferd unter Druck zu setzen. Wichtig ist, das Pferd nach jedem noch so kleinen Fortschritt zu loben und wichtig ist auch, die Fahrten vorerst nur mit etwas Angenehmen zu verbinden.

Für jede Trainingsarbeit müssen Sie – wie immer – natürlich ein Ziel vor Augen haben. Zum Beispiel: heute wird mein Pferd sich den Hänger aus der Entfernung ansehen, ohne dabei zu erschrecken. Oder: heute nähern wir uns dem Hänger auf ca. 10 m, morgen reduzieren wir den Abstand auf 5 m usw. Vergessen Sie dabei nicht, die Verfassung des

sind)? Klar: Es bedeutet allerhöchsten Stress, es bedeutet Panik, es bedeutet Angst. Woran, glauben Sie, wird sich Ihr Pferd wohl erinnern, wenn es den Hänger sieht? Es erinnert sich nachhaltig genau an diese Angst, an diesen Stress, an diese Panik, die es erfuhr, nachdem es das letzte Mal auf diesen verflixten Hänger gegangen ist. Auf alle Fälle verbindet es gewöhnlich nichts Angenehmes mit dem Anblick eines Hängers. Auf den Hänger zu gehen ist an sich zwar nichts Schlimmes, aber das, was danach kommt – au weia ... , das hat es in sich! Trubel, Menschenmassen, laute Musik ... im schlimmsten Fall der Tierarzt, Röntgengeräte und Schmerz.

Aus eigener Erfahrung kann ich sagen, dass es unterschiedliche Spezies von Pferden gibt, die sich nicht oder nur schwer verladen lassen:

Spezies 1: Pferde, die wirklich Angst und Panik haben (die gibt es allerdings nur ganz selten.)

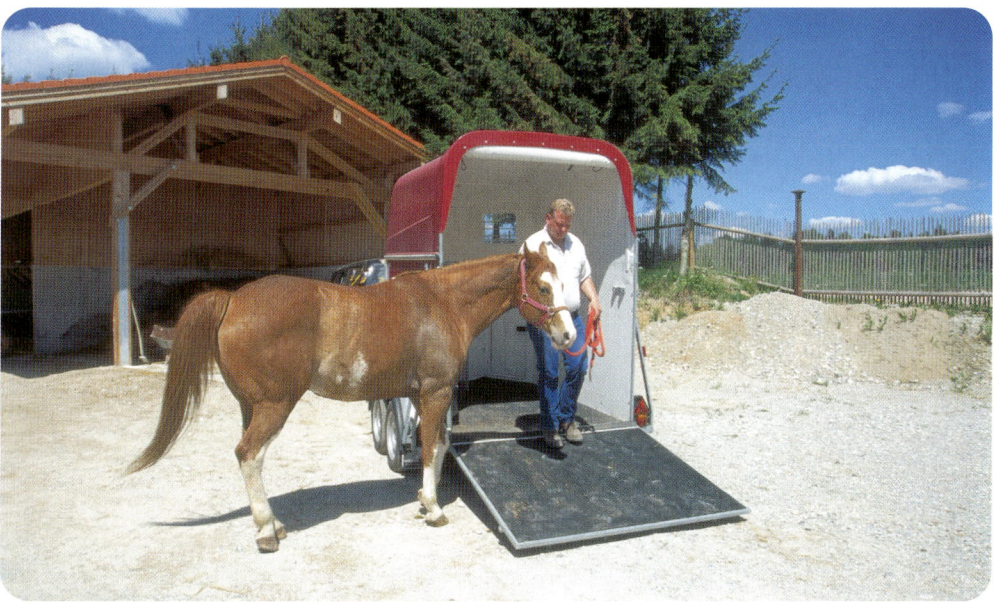

oben: Das Pferd stoppt, wenn es merkt, dass es in Richtung Pferdehänger gehen soll. Jede kleinste Bewegung des Pferdes nach vorne bedeutet für mich: Druck nachlassen! Das Pferd macht damit eine positive Erfahrung.

unten: Der Paint-Wallach geht mit mir nun bis zum Pferdehänger ... Steht er auf der Rampe, driftet er immer wieder nach links ab.

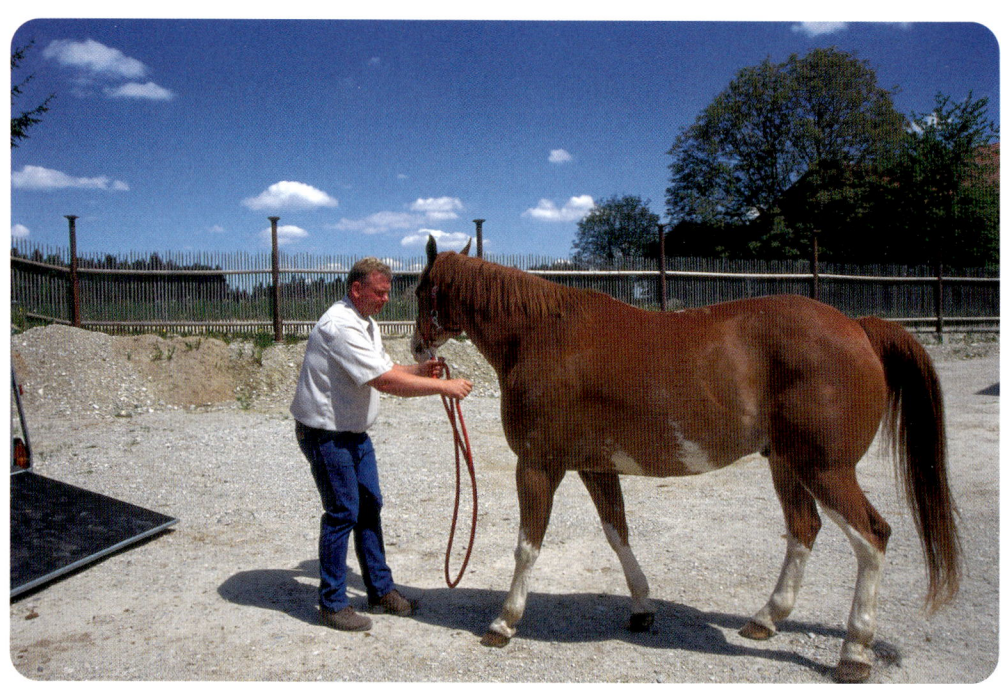

oben: Training: Ich stoppe vor dem Hänger, während das Pferd sich nach vorne bewegt und gehe zwei Schritte zurück, um sofort wieder nach vorne zu gehen.

unten: Ich stelle bei einem weiteren Versuch einen Helfer an die Seite, an der er immer ausbricht.

Pferdes zu berücksichtigen. Wenn Sie das erste Ziel noch nicht erreicht haben, gehen Sie nicht einfach zum zweiten Teilschritt über – beobachten Sie, was Sie Ihrem Pferd zumuten können. Nicht jedes dieser Pferde steht am 5. Tag schon auf der Rampe und nicht jedes Pferd lässt sich am 10. Tag ohne Problem transportieren ... Verlangen Sie nichts Unmögliches von einem negativ geprägten Pferd. Dieses jahrelang bestehende Problem lässt sich nicht innerhalb eines Tages in Luft auflösen. Das geht zwar ansatzweise mit vielen Problemen und Schwierigkeiten, aber ein wirklich großes Problem braucht Zeit!

Die meisten Leute glauben ein nur extrem »hängerempfindliches« Pferd zu haben. In Wirklichkeit – und bei genauer Betrachtung – zählt es aber zu der zweiten Spezies, also zu den Pferden, die mangels Vertrauen nicht mit ihren Menschen einen Hänger betreten. Über 95 % der so genannten nicht – oder schwierig – zu verladenden Pferde gehören dazu.

Bei meinen Kursen oder beim Verladetraining zu Hause gehe ich folgendermaßen vor: Zunächst ist es äußerst wichtig, dass das Pferd mir am Führstrick folgt. Ich laufe kleine, enge Wendungen. Wenn mir das Pferd nicht willig folgt, fordere ich durch einen Ruck am Führstrick seine Aufmerk-

samkeit – zusammen mit dem Stimmkommando »Pass auf!«. Dies ist eine sehr wichtige vorbereitende Übung!

Anschließend nutze ich einen einfachen, aber wirkungsvollen Trick: Ich »erzähle« dem Pferd: »Pass auf! Das Gebiet vor dem Hänger ist für dich unangenehm; denn dort musst du sehr konzentriert mit mir arbeiten.

Doch wenn du bereit bist, in den Hänger hineinzugehen, wird der Stress für dich vorbei sein ...«

Ich fordere die uneingeschränkte Aufmerksamkeit des Pferdes (»Pass auf!«); doch nicht nur das: Ich lasse es rückwärts gehen, vorwärts gehen und fordere immer wieder die Aufmerksamkeit – »Pass auf!«, »Komm!«, »Zurück!«, »Komm!«, »Pass auf!«, »Zurück!«... Ich entwickle mich zur zweibeinigen Nervensäge. So lange das Pferd keine Anstalten macht sich auf den Hänger zu bewegen. Jeden kleinsten (Fort-)Schritt belohne ich, indem ich den Druck weglasse. So versteht das Pferd sehr bald: »Draußen ist es stressig, drinnen werde ich in Ruhe gelassen ...«.

Ca. 15 bis 20 Minuten arbeite ich auf diese Art und Weise mit dem Pferd. Wenn es dann immer noch nicht auf dem Hänger ist, übergebe ich es an eine zweite Person; gewöhnlich ist das dann der Besitzer oder die Besitzerin des Pferdes. Diesen kleinen »Trick« setze ich ganz bewusst ein. Denn dies ist genau der Zeitraum, in dem die Konzentration des Pferdes deutlich nachlässt. Es ist viel zu genervt und zu müde, um sich auf weitere Machtspiele mit einem anderen Menschen einzulassen. (Verpasse ich aber den »richtigen« Zeitpunkt, so führt dies zu totaler »Verbockung« und es geht nichts mehr ...).

Ich fordere den Besitzer dazu auf, in der gleichen Weise fortzufahren. Die Einstellung, die das Pferd in diesem Augenblick gewinnt, kommt in etwa

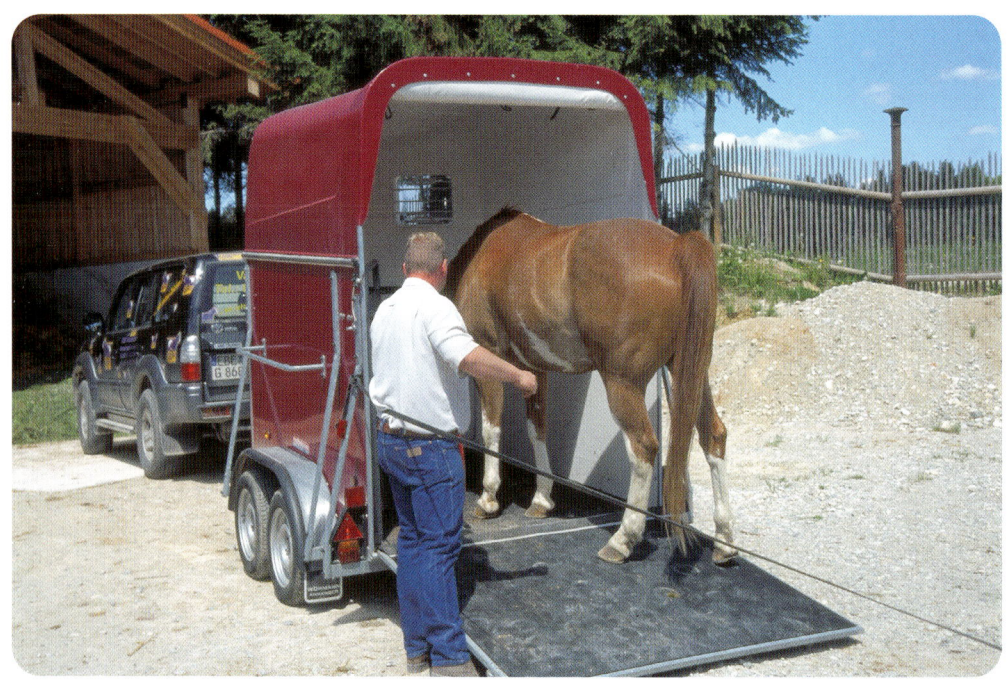

Begrenzen lässt sich der Weg auch durch eine gespannte Longe. Das Pferd geht nun anstandslos in den Anhänger.

Folgendem nahe: »Der Kerl vorhin hat genug genervt; nun fang du nicht auch noch damit an, bitte nicht! Ich will nur noch eines: endlich Ruhe!«

Es wird keine fünf Minuten mehr dauern und das Pferd ist in der Regel verladen.

Die »Entdeckung« dieses Tricks war übrigens ein Zufall. Ich hatte mit einem Pferd auf die beschriebene Weise vor dem Hänger gearbeitet und war nach einiger Zeit total frustriert, weil ich einfach nicht mehr weiterkam. Deshalb übergab ich das Pferd an eine andere Person; und siehe da: Es marschierte auf den Hänger, als wäre es die normalste Sache der Welt ... Seither probiere ich diesen Trick immer wieder aus – und er hat sich bewährt.

Viele Menschen machen den Fehler, schon 45 Minuten vor dem Hänger herumzuwurschteln und rufen schließlich ihren Freund Sepp herbei, oder Fritz oder Anton. Sepp arbeitet weiter mit dem Pferd und ist gewalttätig, Fritz übernimmt das Zepter und ist ein »Tüddelheini« und dann kommt Anton, der eine Mischung aus Fritz und Sepp ist und selber nicht weiß, wo es langgeht ... Und dann sind drei Stunden vergangen. Was das Sicherheit suchende Pferd in diesen drei verkorksten Stunden erfahren hatte, war ein unkoordiniertes, strukturloses Durcheinander, das alles nur noch schlimmer machte. Fatal! Konsequenz und Ruhe ist also auch beim Verladen der Schlüssel zum Erfolg!

Und noch etwas: Falls Sie häufiger mit dem Hänger unterwegs sind, werden Sie die Erfahrung gemacht haben, dass Pferde sich auf dem Rückweg noch schlechter verladen lassen als auf dem Hinweg. Dann verstehen die Leute die Welt nicht mehr und denken: »Das soll einer kapieren: Jetzt geht's nach

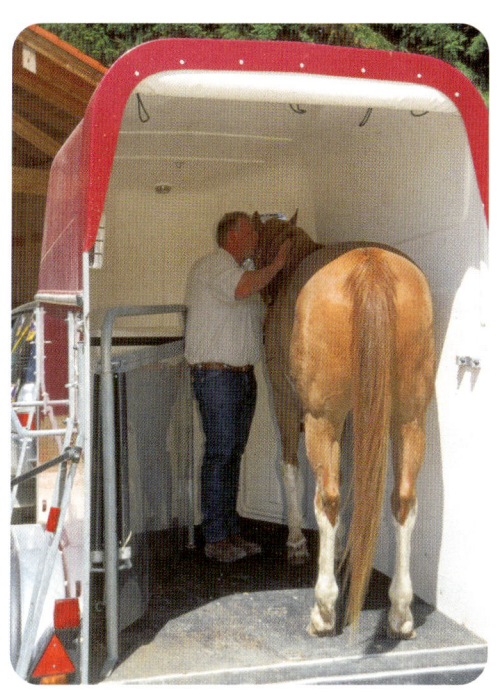

Das Pferd steht im Hänger und wird erst einmal kräftig gelobt! Es muss spüren, dass es etwas sehr gut gemacht hat.

Hause und mein Pferd stellt sich schlimmer an als je zuvor ...«

Das ist mal wieder »typisch Mensch« ... Woher soll Ihr Pferd denn wissen, wohin es geht?! Versetzen Sie sich wieder in die Lage des Pferdes!

Genauso verhält es sich mit der Aussage mancher Ausbilder, die behaupten: »Nun sieh dir das mal an: Deinem Pferd gefällt es so gut bei mir, dass es gar nicht mehr von mir weg möchte ...« Dass ich nicht lache! Fallen Sie bloß nicht auf so eine Aussage herein!

Das Pferd geht nicht mehr auf den Hänger, weil es nach dem letzten Verladen Stress erfahren hatte und aus keinem anderen Grund.

Ein Pferd bleibt, was es ist: Nämlich ein rangordnungsabhängiges Tier mit dem Grundbedürfnis nach Schutz und Sicherheit!

Reiten mit ABS und Airbag

Rangorientiertes Reiten = sicheres Reiten

All das, was Sie im Laufe der Zeit mit Ihrem Pferd am Boden erarbeiten, lässt sich auf das Training im Sattel übertragen. Das ist einfacher, als Sie vielleicht glauben; vorausgesetzt, Sie arbeiten genauso konsequent weiter wie bisher.

Die Grundsätze, auf die Sie während des Lesens gestoßen sind, gelten zum größten Teil sowohl für die Arbeit am Boden als auch im Sattel. Deshalb möchte ich die wichtigsten Merksätze noch einmal kurz aufgreifen und im Rahmen dessen Bezug zur Trainingsarbeit im Sattel herstellen.

Jedes Pferd ist ein Flucht- und Beutetier

Sie wissen nun, dass an dieser – oft nervtötenden – Tatsache nicht zu rütteln ist. Auch im Sattel müssen Sie jederzeit mit einer Fluchtreaktion Ihres Pferdes rechnen. Das soll natürlich nicht heißen, dass Sie aus Solidarität zu Ihrem Pferd auch hinter jedem Ast und in jeder Pfütze einen »Pferdefresser« vermuten, der Ihrem Liebling nach dem Leben trachten will. Sie sollen zwar »denken wie ein Pferd«, aber bitte – um Gottes Willen – deshalb nicht ebenfalls zum »Beutetier« werden. Ansonsten laufen Sie Gefahr, von Ihrem Pferd wohl als gleich denkender Kumpel, aber nicht als der ihm Sicherheit bietende Ranghohe angesehen zu werden.

Wichtig ist, dass Ihr Pferd sich auch unter dem Sattel hundertprozentig auf Sie verlassen kann, damit

Losgehen beim Aufsteigen – undenkbar!
Sofort Fuß aus dem Steigbügel, zwei Schritte zurück und ein sehr deutliches »Steh!«.

es seine Entscheidungen nicht selbst treffen muss. Die Stimmkommandos »Steh!« und »Pass auf!« können dabei sehr hilfreich sein. Wenn Sie im richtigen Augenblick eingreifen (und den Blick für den richtigen Augenblick entwickeln Sie während der Bodenarbeit), können Sie verhindern, dass Ihr Pferd unerwünschte Reaktionen – wie panisches Durchgehen zeigt.

▬▬ *Be strict – ganz praktisch*

Durchgehen

Der Albtraum eines jeden Reiters: Aus einem gemütlichen Ausritt wird plötzlich eine zügellose Jagd, weil sich das Pferd vor irgend etwas erschrocken hat und in panischer Flucht davonstürmt. Zügelhilfen kommen jetzt schon gar keine mehr durch, und man ist auf Gedeih und Verderb seinem kopflos dahinrasenden Pferd ausgeliefert.

Ich habe vor Jahren immer wieder mal den Tipp gegeben, das Pferd noch anzutreiben wenn es durchgeht. Hier muss ich mich nun korrigieren: Bitte versuchen Sie das nicht, denn wenn Sie nicht gerade zufällig mit Ihrem Pferd in den schier unendlichen Weiten der nordamerikanischen Steppen unterwegs sind, sondern in unserem mehr oder weniger engen Mitteleuropa, dann ist ein solches Verhalten nicht nur ausgesprochen gefährlich, sondern auch sehr leichtsinnig.

Ein wesentliches und entscheidendes Problem bei einem durchgehenden Pferd ist, dass in dem Moment, in dem das

Fluchtprogramm einsetzt, jedwede reiterliche Hilfe verloren geht und das Pferd innerlich »die Klappen dicht macht«. Die Einwirkungen des Reiters werden nicht mehr registriert, weil es in der Wahrnehmung des Pferdes ja um sein Überleben geht.

So dumm es vielleicht klingen mag: Das einzige, was Sie auf einem durchgehenden Pferd rettet, ist es, einen kühlen Kopf zu bewahren. Bringen Sie Ihr Pferd – wie auch immer – dazu, auf einen großen Zirkel abzubiegen, den Sie Runde um Runde enger reiten, bis Ihr Pferd steht. Scheuen Sie sich nicht vor Flurschäden im nächsten Acker – die kann eine gute Versicherung ersetzen. Eine vielleicht lebenslange Behinderung (oder Schlimmeres) durch einen Sturz in rasendem Tempo nicht. Und auch für die Überlegung, Ihr Pferd könne sich bei diesem Bremsmanöver im tiefen Acker vielleicht die Bänder überdehnen, ist jetzt keine Zeit.

Dem Durchgehen als absolutem »worst case« muss man in ruhiger Umgebung und vor allem rechtzeitig vorarbeiten. Die meisten Fehler, die ein Pferd im Gelände unsicher werden lassen, passieren schon in der Grundausbildung, sozusagen bei der Basis des Zusammenseins zwischen Mensch und Pferd. Eine ganz grundlegende, vorbereitende Arbeit ist die Tempokontrolle. Am Boden führe ich mein Pferd, indem ich ihm das Tempo, in dem wir uns bewegen, vorgebe. Drängler werden immer wieder zurückgehalten und »auf Spur gebracht«, Trödelpferde ermuntert, das Tempo zu halten. Ein weiterer Punkt bei der Tempokon-

Durchgänger haben oft Balanceschwierigkeiten. Mit der »Kopflastigkeit« geht die Angst, zu fallen einher.

trolle ist der Wechsel des Tempos, in dem geführt wird. Auch hier bestimmt wieder derjenige, der führt (!), in welchem Tempo gegangen wird. Achten Sie auch hierbei auf die Richtung, in die Sie mit Ihrem Pferd gehen wollen. Es gibt Pferde, die es ganz subtil schaffen, durch Voreilen, Hinterhertrödeln oder Nutzen von Konzentrationslücken Ihrerseits den »Gang der Dinge« in ihre eigene Richtung zu beeinflussen.

Und hier bin ich beim nächsten Stichwort: Konzentration. Arbeiten Sie hochkonzentriert mit Ihrem Pferd und lassen Sie auch Kleinigkeiten nicht durchgehen. Ihr Motto, das Sie verinnerlichen müssen, lautet in diesem Falle: »Pass auf, Pferd: Immer, wenn wir beide zusammen sind, gibt es nur einen einzigen hier, der sagt, wohin

und in welchem Tempo gegangen wird – und das bin ich.« Denken Sie daran: In einer Pferdeherde ist nur und ausschließlich derjenige der Anführer, der den anderen bewegt, der ihm sagt, wann und wohin geflüchtet wird.

Vergewissern Sie sich, dass Ihr Pferd Ihnen zuhört und ebenso bei der Sache ist wie Sie selber. Kontrollieren Sie in jedem Moment seine Aufmerksamkeit, indem Sie die Richtung und das Tempo ändern. Ihr Pferd wird bald merken, dass es Ihnen mit diesem »Spielchen« ernst ist.

Ein großes Problem, das man bei Pferden, die zum Durchgehen neigen, sehr oft feststellen kann, ist die mangelnde Balance. Gemäß seiner Urangst, hinzufallen und gefressen zu werden, versuchen gerade ängstliche Pferde, dieser Unsicherheit durch Flucht zu entgehen. Hier müssen Sie einsetzen. Damit Ihr Pferd im Gelände sicher wird, müssen Sie ihm die Grundlagen für die eigene Körperbalance geben. Die Dual-Aktivierung ist hierbei das Mittel der Wahl. Denn hat das Pferd seine eigene, stabile Körperbalance gefunden, ist es sich seiner selbst weitaus sicherer, weil die Angst zu stürzen entfällt. Damit befreien Sie Ihr Pferd von einer Urangst und vermitteln ihm eine Sicherheit, die keine Leitstute zu geben in der Lage ist. Denn wir wissen, dass es bei uns keine Pumas mehr gibt – selbst die beste Leitstute kann das lediglich hoffen.

Die Grundlagen für ein sicheres Geländepferd basieren auf der Positionsarbeit, also der Klärung der Rangfolge, und auf der Bildung und Förderung der Körperbalance des Pferdes, wobei die körperliche Balance natürlich auch ein ausgeglichenes, balanciertes Seelenleben einschließt. Ein ausgeglichenes Seelenleben stellt sich bei entsprechendem Training nahezu von selber ein, wenn erst die Körperbalance stimmt. Ich habe in meinen Kursen Pferde erlebt, die zu Kursbeginn wahre »Hasenfüße« waren, und die am Kursende vor Selbstbewusstsein nur so strotzten – weil sie gelernt haben, sich (auch) auf ihren eigenen Körper zu verlassen.

Auch wenn die Arbeit mit der Dual-Aktivierung natürlich aus einem Durchgänger noch kein Kinderpferd macht – sie ist doch ein wirksamer Ansatz, zum eigentlichen Kern des Problems durchzudringen. Natürlich ist sie kein Ersatz für eine ordentliche, saubere Grundausbildung. Ein Pferd, das nach den klassischen Regeln der Ausbildung, egal in welcher Reitweise, in kleinen, nachvollziehbaren Schritten und Trainingseinheiten an seine Aufgaben herangeführt wird, kommt erst gar nicht auf die Idee, durchzugehen. Es ist auch in der Ausbildung des Pferdes so wie in einem Hochhaus: Wenn Sie im zehnten oder vielleicht zwölften Stock Risse in den Wänden entdecken, dann stimmt am Fundament im Keller irgendetwas nicht. Man muss also herausfinden, an welchem Ausbildungspunkt des Pferdes bereits gepfuscht worden ist.

Jedes Pferd benötigt Sicherheit und einen klaren Platz in der Rangordnung

Geben Sie Ihrem Pferd im Sattel die gleiche Sicherheit, die es von Ihnen am Boden kennt! Das geht nicht »automatisch«. Die Rangordnung im Sattel und die Rangordnung am Boden sind zwei verschiedene Paar Schuhe. Wenn Sie am Boden der Ranghohe sind, haben Sie zwar die beste Grundvoraussetzung, um diese Ranghöhe auch im Sattel zu haben; doch das heißt nicht zwangsläufig, dass Ihr Pferd Ihre Ranghöhe dort nicht mehr bewiesen haben möchte. Klären Sie gleich zu Beginn des reiterlichen Trainings die Rangordnung! Lassen Sie z. B. nicht zu, dass Ihr Pferd einfach losgeht, obwohl Sie gerade erst eine Fußspitze im Steigbügel haben. Bestimmen Sie auch während der »Aufwärmphase« das Tempo und die Richtung. Fast alle Pferde neigen dazu, gleich zu Beginn des Reitens die Rangordnung zu hinterfragen, und die meisten

Das Pferd ist unaufmerksam. Der Kopf sollte mit einem Zug am Zügel gerade gestellt werden.

Das Pferd folgt dem Zügelimpuls mit der Nase nach links.

Reiter bemerken es nicht einmal. Werden Sie aufmerksam für die »leisesten Nachfragen« Ihres Pferdes; achten Sie auf Feinheiten!

Die Stellung des Alpha-Tieres

Das Alpha-Tier fordert Gehorsam und genießt die Aufmerksamkeit seiner rangniederen Herdenmitglieder. Die gleiche Aufmerksamkeit, die Sie Ihrem Pferd beim Reiten widmen, dürfen und müssen Sie auch von Ihrem Pferd verlangen. Reiten Sie lieber nicht so lange, doch dafür hochkonzentriert! Die Konzentration ist das »unsichtbare Band« zwischen Pferd und Reiter. Darüber hinaus ist gutes, effektives Reiten reine Kommunikation, bei der Pferd und Reiter wechselseitig miteinander »sprechen«. Spielen Sie auch im Sattel nicht den Alleinunterhalter, sondern reagieren Sie angemessen auf die Ausdrucksweise Ihres Pferdes.

Kapitel 6

Der unsichere Mensch

Ein unsicherer Mensch kann für das Pferd ein gefährlicher Mensch sein. Dieser Grundsatz gilt auch für das Training im Sattel. Dazu müssen Sie wissen: Was Sie denken, überträgt sich auch. Wenn Ihnen also schon beim Anblick eines Müllsackes durch den Kopf schießt:

»Au weia! Gleich geht`s los ...«, dann wird es genauso kommen! Sie werden sich unwillkürlich verspannen; und jede noch so kleine Veränderung bezüglich Ihrer Körperhaltung wird von Ihrem Pferd sofort registriert. Sie »sagen« Ihrem Pferd damit: »Ich gebe dir Recht. Hier lauert Gefahr!« Ein wirklich schlaues Pferd wird Sie an dieser Stelle schon nicht mehr fragen, ob geflüchtet wird, denn den »Darfschein« zur Flucht hat es durch

Ihre Reaktion bereits bekommen. Besser ist es, dem Pferd zu signalisieren: »Pass auf, ich habe die Gefahr auch gesehen, Pferd mach dir keine Sorgen, es ist kein Raubtier, wir können getrost weitergehen.« An nichts zu denken, ist für uns Menschen unmöglich. Denken Sie mal an nichts, sie werden immer, wenn Sie ein Problem beim Reiten kommen sehen, Ihre Muskeln anspannen und Ihrem Pferd dadurch vermitteln, dass auch Sie etwas gesehen haben. Mit »Pass auf!« sagen Sie ihrem Pferd aber klar, dass Sie die Gefahr erkannt und zugleich gebannt haben, so baut sich Stück für Stück ein großes Vertrauen auf.

Die natürliche Rangordnung

Die natürliche Rangordnung besteht aus Respekt und Vertrauen. Das erreichen Sie nie, wenn Sie Ihrem Pferd Schmerzen zufügen! Leider werden Pferde mangels Verständnis von ihren Reitern viel

Konsequenz ist richtig, Gewalt ist falsch!

zu oft »bestraft«. Vergessen Sie bitte niemals, dass Ihr Pferd – auch unter dem Sattel – nicht in der Lage ist, Sie zu veräppeln; auch wenn es aus menschlicher Sicht so erscheinen mag! Ein Pferd, das sich widersetzt, hat Sie entweder nicht verstanden, fühlt sich mit Ihnen (oder mit dem, was Sie von ihm verlangen) überfordert oder es hat Schmerzen.

»Falsches« Strafen, besonders in Form ungerechtfertigter Prügel, schadet nicht nur dem Vertrauensverhältnis – es trägt auch dazu bei, dass Sie aus der Sicht Ihres Pferdes niemals der Ranghöhere werden können.

So lernt Ihr Pferd

Machen Sie Ihrem Pferd das Richtige angenehm und das Falsche unangenehm. Dazu gehört z. B. auch, nur dann Druck auszuüben, wenn Sie etwas von Ihrem Pferd verlangen; sobald Ihr Pferd – auch im Sattel – den Ansatz der erwünschten Reaktion zeigt, werden Sie den Druck wegnehmen. Irritieren Sie Ihr Pferd nicht durch widersprüchliche Hilfengebung (nicht: heute »hü« und morgen »hott«!); geben Sie Ihre Hilfen immer gleich, immer konsequent, aber niemals hart und brutal.

Ziele setzen!

Ans Ziel kommt nur, wer eins hat. Wenn Sie es sich zum Ziel gesetzt haben, Ihrem Pferd am Boden die Seitengänge beizubringen, können Sie dieses Ziel

Kapitel 6

auch beim nächsten Training im Sattel verfolgen. Gehen Sie dabei aber immer in kleinen Schritten vor. Am Anfang reicht schon ein Schritt in die richtige Richtung aus, um das Training sofort zu beenden. Und das Trainingsende ist die schönste Belohnung, die Sie Ihrem Pferd bieten können!

Wo steckt nur mein »Führer«?

Ein Pferd wird nur dann zum Problempferd, wenn ihm der »Führer« fehlt! Dieser Grundsatz ist im Endeffekt die logische Schlussfolgerung aus allen unbefolgten Merksätzen, die ich hier angeführt habe. Suchen Sie den Fehler nie zuerst beim Pferd; wer ihn dort sucht, wird in der Regel niemals fündig. Beginnen Sie zuerst, sich selbst und Ihr eigenes Verhalten kritisch zu hinterfragen – nur dann werden Sie die Lösung finden!

Es versteht sich wie von selbst, dass Sie von Ihrem Pferd keine Höchstleistungen erwarten können, wenn die Voraussetzungen nicht stimmen. Manche

Pferde werden unabsichtlich überfordert, weil die äußeren Umstände eine noch bessere Leistung verhindern.

Achten Sie darauf, dass sowohl Sattel als auch Zaumzeug korrekt angepasst sind und dass Ihr Pferd nicht körperlich beeinträchtigt ist. Manche Pferde leiden unter Rückenproblemen oder sind allgemein verspannt. Die Untersuchung durch einen qualifizierten Osteopathen hat sich in der Praxis schon oft bewährt. Es gibt Pferde, die sich geradezu fürchterlich aufführen, die ihre Reiter abbuckeln, die steigen, durchgehen oder sonstige »Unarten« an den Tag legen; das sind häufig solche Pferde, die kein Trainer in den Griff bekommt. Manchmal stellt sich heraus, dass diese Pferde Schmerzen haben und im Prinzip keine andere Wahl haben, als sich so zu verhalten.

Achten Sie auf die Ohren. Sie zeigen Ihnen, wo das Pferd die Aufmerksamkeit hat.

Kapitel 7

Ihr Schlüssel zum Erfolg

Sie haben in den vorangegangenen Kapiteln bereits Anregungen zur Herstellung der natürlichen Rangordnung erhalten. Theoretisch haben Sie nun das Wissen. Doch klaffen Theorie und Praxis erfahrungsgemäß oft auseinander. Was in der Theorie immer logisch erschien, wird in der Praxis (wenn eigenes Handeln gefragt ist) plötzlich zum Problem. Ich verfolge das Ziel, Ihnen im Umgang mit Ihrem Pferd selbstständiges Denken und Handeln zu vermitteln. Das gilt nicht nur für die tägliche Arbeit, sondern insbesondere natürlich für Situationen, in denen Schwierigkeiten auftreten. Es wird in Zukunft äußerst wichtig für Sie sein, sich immer wieder auf die Grundlagen zu besinnen.

Lösungsorientiertes Denken und Handeln

Grundlagen für die Pferdeausbildung

Ich komme nun zu Ihrem »Arbeitsmaterial«, den Grundlagen für die Pferdeausbildung.

1. Denken Sie einfach!

Es ist äußerst schwierig für uns Menschen, wirklich einfach zu denken. Es ist aber unerlässlich bei der Ausbildung von Pferden. Nur einfachste Dinge kön-

Durch konsequenten Umgang mit »Be strict!« lernt Ihr Pferd, aufmerksam auf Sie zu achten.

nen von einem Pferd verstanden werden. Sie lernen durch Wiederholung, können aber sehr schnell Ursache und Wirkung miteinander verknüpfen – auch wenn wir Menschen das manchmal gar nicht wollen. Zum Beispiel: Ein Pferd scharrt, wenn es angebunden ist. Dafür wird es angebrüllt oder erhält einen Klaps. Für viele Pferde bedeutet das Zuwendung und Anerkennung ihres Scharrens. Sie werden also weiter scharren, weil sie gelernt haben: »Aha, mein Mensch will, dass ich scharre ...«

Jede Wiederholung muss konsequent (»Be strict!«) durchgeführt werden. Nicht: Heute probiere ich es so und morgen anders.

»Steh!« bedeutet für Ihr Pferd, sofort zu stehen und nicht erst nach ein oder zwei Schritten. Das bringen Sie dem Pferd aber nicht im Trab oder im Galopp, sondern während es im Schritt läuft, bei; am besten, wenn Sie selbst am Boden stehen.

Kaum ein Problem lässt sich in der Gangart lösen, in der es auch auftritt. Also »Back to the roots!«: zurück zu den Wurzeln, zur Basis. Basisarbeit ist nicht spektakulär, aber äußerst wichtig. Kleine Schritte sichern langfristig großen Erfolg!

2. Handeln Sie selbst!

»Selber machen« heißt die Grundlage und zum Selbermachen gehören auch Fehler. Wenn Sie aber bedacht und mit Ruhe an ein Problem herangehen, können Sie kaum große Fehler machen. Nur wenn Sie aus lauter Vorsicht oder Angst gar nichts tun, werden Sie nichts lernen und immer von anderen abhängig sein. Niemals können Sie auf diese Weise die Welt der Pferde verstehen – geschweige denn die Welt, in der wir alle leben.

3. Sehen Sie die Welt mit den Augen des Pferdes und werden Sie kreativ!

Probleme beim Hufschmied oder Tierarzt sind oft an bestimmte Orte gebunden. Suchen Sie einen Platz, an dem Ihr Pferd sich äußerst wohl fühlt. Es gibt keine Regel, keine vorgeschriebenen Gesetze! Meist werden Pferde an Plätzen beschlagen, von denen der Mensch meint, er sei geeignet; genauso verhält es sich mit dem Besuch vom Tierarzt. Verlagern Sie den Ort; werden Sie kreativ und denken Sie nach!

Sind Sie schon vor dem Termin beim Schmied oder Tierarzt nervös, lassen Sie lieber jemand anderen Ihr Pferd halten. Wenn Sie als ranghohes Mitglied der »Pferdegemeinschaft« nervös werden, wird es Ihr Pferd ebenfalls! Nervosität ist bei Pferden ein Zeichen von Unsicherheit. Und diese Unsicherheit wird verstärkt, wenn sich Ihr Pferd nicht auf Sie verlassen kann.

4. Machen Sie dem Pferd das Richtige angenehm und das Falsche unangenehm!

Ein gutes Training kann auch mal nur zwei Minuten dauern (aber bitte nie vergessen, das Pferd vorher aufzuwärmen, sonst leiden die Gelenke).

Machen Sie auf keinen Fall den Fehler, Ihr Pferd für gute Arbeit zu bestrafen! Das geht blitzschnell und ohne dass Sie es wollen ... Wenn Sie denken: »Heute gehts besonders gut; das wiederholen wir gleich noch mal oder noch besser: Wir probieren noch etwas Schwierigeres aus«, dann haben Sie Ihr Pferd bereits bestraft, weil Sie ihm trotz guten Verhaltens noch mehr aufgebürdet haben!

Wenn Sie trainieren, dann beenden Sie gute Arbeit (»gut« heißt: Ihr Pferd arbeitet kooperativ mit und Sie sind zufrieden).

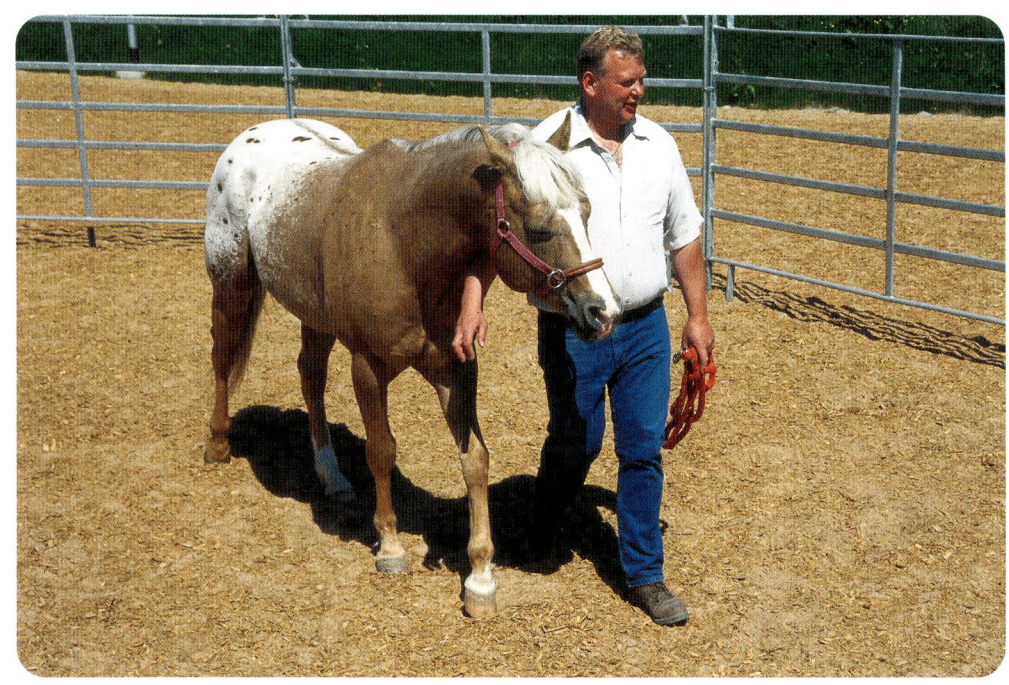

Macht das Pferd prima mit, dann muss das Training nicht sinnlos ausgedehnt werden.
Schließen Sie immer mit einer für das Pferd positiven Übung ab.

Sind Sie unzufrieden mit der Arbeit, dann verleihen Sie Ihren Hilfen einfach mehr Nachdruck. Egal, ob Sie nun reiten, im Round Pen stehen oder das Pferd an der Longe haben. Lassen Sie Ihr Pferd länger arbeiten. Wenn nur nach guter Arbeit das Training rasch beendet wird, kapiert Ihr Pferd schnell, dass es am besten fleißig und aufmerksam mitarbeitet (allerdings nur, wenn Sie dies auch konsequent durchführen!).

Ein Pferd, dem der Führer fehlt, muss seine Entscheidungen selbst treffen (würden wir doch auch machen). Und Pferde treffen ihre Entscheidungen sehr schnell, sehr konsequent und oft unter Einsatz ihrer unglaublichen Kraft. Ist Ihr Pferd Ihnen im Rang überlegen, trifft es ohnehin jede Entscheidung alleine!

Aus seiner Sicht macht das Pferd immer alles richtig. Wir müssen ihm dann so einfach wie möglich zeigen, was wir wollen und was wir nicht wollen. Pferde lernen durch Versuch und Irrtum – aber ohne Gewalt und menschlichen Zorn.

5. Lassen Sie Ihrem Pferd seine Persönlichkeit; tolerieren Sie seine Eigenheiten!

Jedem Menschen werden Eigenarten, Macken, Marotten und sogar Störungen zuerkannt (wie das Bohren in der Nase, nervöses Rauchen, Höhen- oder Platzangst usw.). Von den Pferden hingegen verlangen wir, dass sie zuverlässig funktionieren, wie perfekt programmierte Roboter. Das ist nicht fair! Lassen Sie Ihrem Pferd seine Persönlichkeit; es ist ein Lebewesen, das Achtung und Respekt verdient!

6. »Be strict!« – bleiben Sie konsequent!

Konsequenz ist immer gefragt; täglich und wann immer Sie mit Ihrem Pferd umgehen – nicht heute »hü« und morgen »hott«!

Pferde halten sich sehr gerne an feste, konsequente Regeln. Sie lieben und brauchen einen klaren Platz in der Rangordnung und sind glücklich, wenn sie sich hundertprozentig darauf verlassen können. Nur so fühlt sich das Flucht- und Beutetier Pferd sicher.

Um sicher zu sein, versuchen alle Pferde sich zu schützen (vor Schmerz, Überforderung oder unverständlichen und damit bedrohlichen Situationen). Den einzigen Schutz, den das Pferd kennt, ist die Flucht. Erst wenn ihm dieser natürliche Schutz verwehrt wird, wehrt es sich (z. B. durch Buckeln, Nervosität, Steigen, Beißen usw.). Auch ein aufgeregtes Pferd fühlt sich nicht sicher. Der Mensch muss dem Pferd daher die gleiche Sicherheit bieten wie die Herde mit ihren klaren Regeln. Das wird ihm nie gelingen, wenn das Pferd Angst vor ihm hat oder sich aus Schmerz unterwirft!

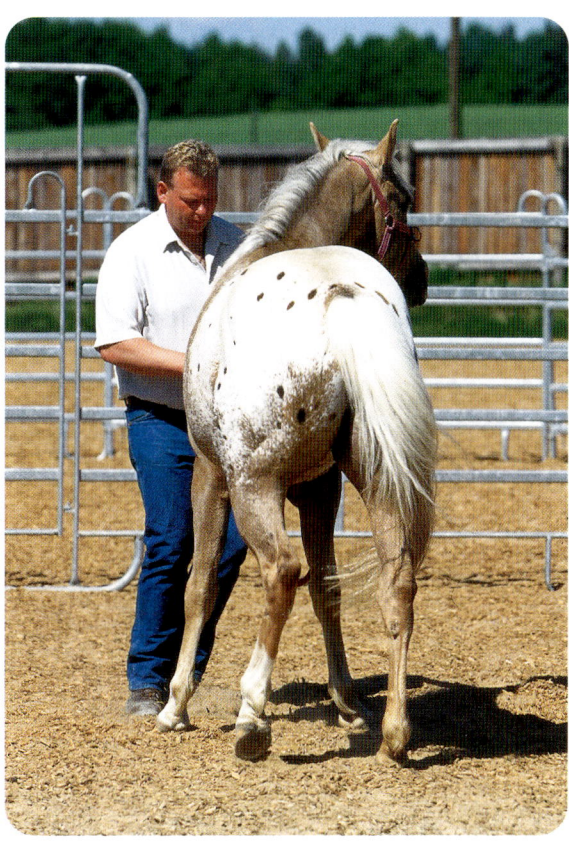

Gehen Sie konsequent mit Ihrem Pferd um und machen Sie ihm, z. B. durch Rückwärtsrichten klar, dass es etwas falsch gemacht hat.

»Be strict!« hat also nichts mit Grausamkeit oder falsch verstandener Dominanz zu tun. »Be strict!« heißt: Konsequenz, gepaart mit Güte. Solchen Menschen ordnen sich Pferde sogar gerne unter!

Pferde können ohne Menschen leben. Ein Pferd hat zunächst keinen Grund, auf den Menschen zu hören – ob am Boden oder im Sattel. Sie müssen daher dem Pferd zeigen, dass es Sie überhaupt gibt und dass es auf Sie achten muss. Hierbei hilft das Stimmkommando »Pass auf!« oder auch »Attention!«.

7. Strafen Sie nie, weil Sie glauben, Ihr Pferd veräppelt Sie!

Ein Pferd lebt in der Gegenwart. Es kann nicht in die Zukunft denken und nicht überlegen: »Was wäre wenn ...?« Große Zusammenhänge begreift kein Pferd dieser Welt; daher können sie uns Menschen auch nicht bewusst ärgern (denn dazu müssten sie vorausschauend denken und das beherrschen sie nicht).

Ein Pferd, das sich widersetzt, hat entweder nichts verstanden, hat Schmerzen oder fühlt sich bedroht

Kapitel 7

und unwohl. Suchen Sie den Fehler daher nicht beim Pferd, sondern beginnen Sie damit, Ihr eigenes Verhalten kritisch zu hinterfragen und strafen Sie nicht ungerechtfertigt. Jede Strafe bestärkt das Pferd in seiner Angst und in seinem Verhalten. Und ein ängstliches, sorgenvolles Pferd kann nicht zuhören; es kann auch nicht lernen! Jede Arbeit muss dem Pferd daher Sicherheit geben und muss berechenbar sein.

8. Denken ist wichtiger als Reiten!

Trainieren Sie Ihr Pferd nie länger als 20 Minuten. »Trainieren« heißt nicht, das Pferd lediglich zu bewegen. »Trainieren« heißt, sich ein zuvor genau definiertes Lernziel zu setzen. Das bedeutet Konzentration – für Sie genauso wie für Ihr Pferd; und das ist anstrengend. Konzentration ist das unsichtbare Band zwischen Mensch und Pferd – stärker als jede Longe und zerbrechlicher als Glas!

Wer beim Training auch nur Bruchteile von Sekunden an seine Steuererklärung denkt, hat sein Pferd bereits verloren!

Legen Sie ein Ziel fest, das Ihr Pferd und Sie auch wirklich erreichen können. Haben Sie es erreicht, dann loben Sie Ihr Pferd kräftig. Kein Pferd versteht sofort. Am Anfang ist schon ein winziger Schritt Ihres Pferdes in die richtige Richtung ausreichend, um die Arbeit sofort zu beenden.

Werden Sie nie gewalttätig; seien Sie nicht frustriert und nicht zornig – bleiben Sie gütig, aber konsequent!

Wenn Sie das Vertrauen Ihres Pferdes gewonnen haben, wird es vieles für Sie tun. Vertrauen ist kostbar; was Sie in drei Monaten erreicht haben, können Sie leicht in drei Sekunden wieder zerstören. Enttäuschen Sie Ihr Pferd daher nicht!

Was tun bei Problemen?

In meinem Internet-Forum wenden sich viele Menschen mit den unterschiedlichsten Problemen an mich. Einige Beiträge habe ich an dieser Stelle für Sie zusammengetragen. Dieser letzte Teil soll Ihnen verdeutlichen, wie Sie die Grundlagen anwenden können, um auftretende Schwierigkeiten selbstständig in den Griff zu bekommen. Beim sorgfältigen Lesen meiner Antworten werden Sie feststellen, dass auch ich immer wieder auf diese »Grundlagen für die Pferdeausbildung« zurückgreife und den Lesern damit eine erste Lösung für ihr Problem anbiete. Entscheidend ist, dass Sie mit Ruhe an jedes Problem herangehen.

Oft ist die Lösung ganz einfach!

Niemandem ist damit geholfen, wenn Sie bei auftretenden Schwierigkeiten verzweifeln!

Die drei folgenden Schritte, die Sie in »Problemsituationen« beherzigen sollten, werden Ihnen helfen, einen kühlen Kopf zu bewahren und erfolgshemmende Emotionen (die ja nur allzu menschlich sind) beiseite zu schieben:

1. Definieren Sie das Problem klar und deutlich und bleiben Sie dabei möglichst sachlich!

Bewerten, interpretieren und spekulieren Sie nicht; das verkompliziert die ganze Sache nur unnötig.

Ein sachlich formuliertes Problem könnte z. B. so geäußert werden: »Mein Pferd läuft los, während ich in den Sattel steige.« Später werden Sie so gut

Lassen Sie, wenn Sie aufsitzen, Ihr Pferd nicht sonst wo »rumschnüffeln«. Das Pferd muss dabei still stehen bleiben.

Auch wenn die Reiterin gleich im Sattel Platz nimmt, muss das Pferd stehen.
Erst wenn der Reiter dem Pferd signalisiert: »Jetzt geht es los!«, darf es antreten.

wie immer bemerken, dass das, was Ihnen augenblicklich zu schaffen macht, gar nicht das wirkliche Problem ist, sondern »nur« eine Auswirkung der Kernproblematik. Das heißt: Die Ursache, der Kern, liegt ganz woanders!

2. Fragen Sie sich: Warum reagiert mein Pferd auf diese Weise?

Um diese Frage korrekt zu beantworten, müssen Sie sich auf die »Denk- und Reaktionsweise« Ihres Pferdes einstellen. Rufen Sie sich immer wieder ins Gedächtnis, wie Ihr Pferd als Flucht-, Beute- und Herdentier reagieren muss! Berücksichtigen Sie dabei den Sicherheitsanspruch Ihres Pferdes, der nur gewährleistet werden kann, wenn die Rangord-

nung geklärt ist und sich Ihr Pferd bei und mit Ihnen sicher und wohl fühlen kann; ansonsten trifft es seine Entscheidungen selbst!

Für unser Beispiel bedeutet dies: Das Pferd trifft die Entscheidung, einfach loszulaufen; es nimmt seinen Menschen nicht als den Ranghöheren wahr und schenkt ihm deshalb auch keine Aufmerksamkeit.

Fazit: Die Rangordnung ist nicht geklärt!

Und wenn sie in dieser speziellen Situation nicht geklärt ist, dann gibt es grundsätzlich ein Problem mit dem Rang!

Das ist die Kernproblematik! Nicht das Pferd, das »einfach losläuft« ist das Problem, sondern der Mensch, der es versäumt hatte, die Rangposition zu klären! Das gilt für jedes Problem! Egal ob Ihr Pferd nun buckelt, steigt, durchgeht oder sonstige unangenehme Verhaltensweisen an den Tag legt: Die Wurzel allen Übels ist fast immer in der ungeklärten Rangordnung zu finden!

3. Nun stellt sich für Sie die Frage, wie die Rangordnung im Allgemeinen und in dieser speziellen Situation hergestellt werden kann.

Hier sind wir schon wieder beim Basistraining. Nur wenn die Basis stimmt, also die Ursache »bekämpft« ist, werden Sie sich erfolgreich der Wirkung/Auswirkung widmen können.

Das ist die Philosophie, die sich wie ein roter Faden durch die ganze Methode zieht. Jedes Problem lässt sich nur dann lösen, wenn das Übel an der Wurzel gepackt wird! Es macht keinen Sinn, Probleme isoliert zu betrachten! Beginnen Sie bei »Null«, beim Kern der Schwierigkeit!

Problem: Pferd steht beim Aufsitzen nicht still

In diesem Fall gehe ich so vor:
- Ich setze den Fuß in den Steigbügel.
- Wenn das Pferd auch nur einen Schritt nach vorne macht, nehme ich den Fuß wieder aus dem Bügel, gehe sofort nach vorne und stelle das Pferd wieder auf seinen Platz mit einem deutlichen »Steh!« zurück.
- Das wiederhole ich so oft, bis ich in Ruhe aufsteigen kann.
- Selbst wenn das Pferd losmarschiert, wenn ich gerade eingesessen bin, steige ich sofort wieder ab und richte es zurück. (Es hilft, wenn Sie beim Aufsteigen das Kommando »Steh!« öfter wiederholen.)

- Wenn ich oben sitze, lasse ich das Pferd noch einen Augenblick stehen. Ich gebe das Signal zum Anreiten.

Fallbeispiele aus dem Internet-Forum

1. PROBLEM:
Mein Pferd steigt und geht durch!

Ich habe einen Traber-Wallach, den ich selbst angeritten habe. Er war bis jetzt brav und willig und ich war schon sehr oft mit ihm im Gelände.

Dann hatten wir leider eine unschöne Begegnung mit einem rücksichtslosen Bauern und seinem Traktor. Mein Pferd bekam Angst und wollte durchgehen. Ich konnte ihn zwar zurückhalten, aber er begann zu steigen. Seitdem kann ich fast nicht mehr mit ihm ausreiten. Bei allem, was ihm nicht ganz geheuer ist, beginnt er zu tänzeln und zu steigen. Ich habe manchmal das Gefühl, er ist ständig auf der Suche nach irgendetwas, wovor er steigen kann – z. B. die Siloballen, an denen er vorher problemlos vorbeiging.

Wie kann ich das wieder in den Griff bekommen?

ANTWORT:

Ihr Pferd fühlt sich in seiner Sicherheit bedroht. Das Erlebnis mit dem Bauern hat das Verhältnis zwischen Ihnen und Ihrem Pferd gestört. Nun trifft Ihr Pferd seine Entscheidungen selbst. Sie sollten erneut mit der Basisarbeit beginnen und auf diese Weise Stück für Stück das Vertrauen herstellen, damit Ihr Pferd sich bei Ihnen wieder sicher fühlen kann. Fangen Sie mit den Führ- und Aufmerksamkeitsübungen an, reiten Sie in kürzeren Sequenzen,

Kapitel 7

aber immer sehr konzentriert! Scheut Ihr Pferd im Gelände, dann steigen Sie ab und führen Sie es an der »Gefahrenstelle« vorbei. Zeigen Sie ihm so, dass es mit Ihnen nichts zu befürchten hat!

2. PROBLEM: Meine Stute hat »Wutanfälle«!

Seit fünfeinhalb Jahren besitze ich eine jetzt knapp neunjährige New-Forest-Stute. Manchmal haben wir 2–3 Monate lang kein Problem miteinander, doch seit einigen Tagen häufen sich die Schwierigkeiten beim Reiten. Ich habe die Stute dreijährig roh gekauft und – soweit es mir möglich war – alleine ausgebildet. Meine Stute ist während der Bodenarbeit und an der Longe sehr umgänglich, beherrscht die Grundgangarten und einfache Dressurlektionen.

Vor drei Wochen wechselte ich den Stall und seitdem bockt das Pferd im Gelände und versucht durchzugehen. Am Boden habe ich das Sagen, aber im Sattel leider nicht! Langsam macht mir die Stute Angst; können Sie mir helfen?

ANTWORT:

Die Rangordnung am Boden und die Rangordnung im Sattel sind zwei verschiedene Dinge. Eine geklärte Rangordnung bedeutet Vertrauen. Reiten Sie Ihr Pferd rangorientiert!

Das heißt: Konzentrieren Sie sich beim Reiten von Anfang an voll auf Ihr Pferd, lassen Sie es nicht herumschauen und korrigieren Sie jede Unachtsamkeit mit einem Geraderichten des Kopfes und einem klaren »Pass auf!«.

Starten Sie mit kurzen Trainingseinheiten von fünf Minuten und dehnen Sie später auf 20 Minuten aus. 20 Minuten voll konzentrierter Arbeit reichen

aus. Mit »Arbeit« meine ich intensives Reiten mit einem entsprechenden Lernziel.

3. PROBLEM: Mein Pferd will nicht auf den Hänger!

Wir haben Schwierigkeiten mit einem Pferd, das große Angst vor dem Fahren im Hänger hat. Wenn die Stute den Transporter auch nur sieht, will sie schon weglaufen! Da wir in diesem Sommer mit ihr an Turnieren teilnehmen wollen, versuchen wir sie schon jetzt dazu zu bewegen, den Transporter zu betreten. Haben Sie evtl. den einen oder anderen Tipp für uns?

ANTWORT:

Ob Ihr Pferd nun Angst vor dem Fahren, vor dem Einsteigen oder vor der Rampe hat, kann ich von hier aus leider nicht beurteilen. Verladetraining ist eine der schwierigsten Trainingsaufgaben, die es gibt. Das größte Problem ist, dass es jeder mal versucht (»Das wäre ja gelacht, wenn das Pferd mit mir nicht auf den Transporter geht ... Ich habe bis jetzt jedes Pferd verladen!«). Und genau an dieser Stelle wird viel zerstört.

Zuerst empfehle ich Ihnen konsequente Bodenarbeit, bei der die Rangordnung grundsätzlich hergestellt wird. Eine Übung kann sein, dass Sie mit Ihrem Pferd durch eine »Gasse« gehen, die Sie z. B. aus Strohballen aufbauen. Arbeiten Sie sich dann Tag für Tag immer ein Stück näher an den Hänger heran.

Ihr Pferd muss zunächst einmal lernen, den Hänger in seiner unmittelbaren Nähe überhaupt zu dulden. Stellen Sie ihn doch einfach (gut gesichert) auf die Weide.

»Step by Step« ist hier Ihr Motto: Heute bis zum Hänger, am nächsten Tag der erste Schritt auf die

Rampe, dann ein kleines Stückchen weiter in den Hänger hinein. Loben Sie Ihr Pferd bei jedem Schritt, den es macht.

Das Wichtigste ist: Sobald Ihr Pferd den Hänger betreten hat und die Klappe zu ist, fahren Sie bitte nicht gleich los zum Turnier! Laden Sie es ein und danach sofort wieder aus.

Am nächsten Tag fahren Sie nur einmal ums Haus, laden das Pferd aus und lassen es grasen. Die meisten Pferde gehen nicht auf den Hänger, weil sie sich an damit verbundene Stresssituationen erinnern, mit denen sie in der Vergangenheit konfrontiert wurden (Turnier, Stallwechsel, Tierarzt usw.).

4. PROBLEM:
Mein Pferd erschreckt sich immer in der gleichen Ecke!

Mein Pflegepferd erschreckt sich in einer ganz bestimmten Ecke unseres Reitplatzes fast immer. Es wendet dann plötzlich ab und galoppiert ganz schnell los!

Ich habe das Pferd auch schon vom Boden aus genau in diese Ecke geführt; es war dann sehr aufgeregt und ich konnte spüren, dass es sich an dieser Stelle gar nicht wohl fühlte. Auch, als ich den Strick entfernte, bewegte sich das Pferd sofort von dieser Ecke weg. Doch das größte Problem habe ich an dieser Stelle beim Reiten. Was kann ich dagegen tun?

ANTWORT:

Pferde machen häufig an derselben Stelle einen »Fehler« oder erschrecken, wie in Ihrem Fall. Ihr Pferd vermutet an dieser Stelle Gefahr. Sie müssen daher die Rangordnung im Sattel herstellen, um Ihrem Pferd Sicherheit zu bieten. Sie treffen als ranghoher Mensch die Entscheidung!

Wenn Ihr Pferd (aus seinem Sicherheitsanspruch heraus) eigene Entscheidungen trifft, dann wird es in Angst auslösenden Situationen in den meisten Fällen die Flucht wählen. Ist es nicht so, dass Sie schon selbst zögerlicher auf diese spezielle Ecke zureiten? Vermitteln Sie Ihrem Pferd durch forsches Vorwärtsreiten: »Hier brauchst du vor gar nichts Angst zu haben!«

5. PROBLEM:
Mein Pferd scharrt mit den Hufen – was kann ich dagegen tun?

Ich habe eine sehr brave Pflegestute, die allerdings ständig mit den Hufen scharrt. Ich versuche mich bei diesem Pferd mit Hilfe meiner Stimme durchzusetzen (nicht mit einem Klaps). Wenn ich das Pferd mit einem »Hör auf!« zu korrigieren versuche, erhält es dann nicht dadurch schon die gewünschte Zuwendung?

Ich habe auch schon versucht, die Scharrerei einfach zu ignorieren; ist das im Sinne von »Be strict!«?

ANTWORT:

»Be strict!« hat auch Gültigkeit, wenn es um das Ignorieren einer unerwünschten Verhaltensweise geht. Lassen Sie sich nicht beirren und ziehen Sie das Ignorieren einfach konsequent durch (denn: »Be strict!« bedeutet nichts anderes, als konsequent zu handeln). Wir haben damit bei einem scharrenden Pferd den besten Erfolg. Ignorieren ist sicher besser, als das Pferd immer mal wieder für sein Scharren zu »tadeln«. Das bringt garantiert nichts.

An der Hand oder im Sattel sollten Sie das Pferd allerdings nicht gewähren lassen; unterbinden Sie diese Unart in dem Fall mit einem – ebenfalls konsequenten – »Pass auf!« und lenken Sie die Aufmerksamkeit auf sich. Bleiben Sie konsequent!

6. PROBLEM:
Mein Pferd hat Panik
vor Spritzen!

Ich habe ein Problem mit meiner Stute, die sich immer problemlos impfen ließ.

Doch eines Tages wurde ihr in meiner Abwesenheit die Spritze mit Hilfe einer Nasenbremse gegeben. Seit diesem Zeitpunkt hat mein Pferd eine absolute Panik vor Spritzen. Was kann ich tun?

ANTWORT:

Probleme bei der Behandlung vom Tierarzt oder beim Schmied sind weit verbreitet. Es ist eine große Hilfe, durch gezielte Führübungen und vor allem mit »Be strict!« das Vertrauen Ihres Pferdes wieder aufzubauen.

In Wirklichkeit hat Ihr Pferd keine Angst vor der Spritze, sondern Probleme mit der unangenehmen Erinnerung, die es mit dem Vorgang verbindet. Ich empfehle Ihnen, sich eine Spritze (ohne Nadel) zu besorgen, mit der Sie sich immer wieder an den Hals des Pferdes herantasten. Loben Sie Ihr Pferd für jeden – noch so kleinen – positiven Schritt und sorgen Sie unbedingt dafür, dass Ihr Pferd still steht, wenn Sie es von ihm verlangen.

Das ist gerade für den Besuch beim Tierarzt wichtig!

Noch ein Wort zum Schluss

Na? – Wird Ihnen klar, worum es bei jedem Problem letztendlich geht? Richtig: Jeder Erfolg steht und fällt mit der Rangordnung!

Und: Jedes Problem, jede Schwierigkeit lässt sich mit Hilfe der Grundlagen für die Pferdeausbildung in den Griff bekommen!

Leider unterschätzen viele Pferdemenschen die Bedeutung der Bodenarbeit. Manch einer ist der Meinung, Bodenarbeit sei nur wichtig für Leute, die in Westernkreisen verkehren. Sie haben falsche Vorstellungen vom Sinn und Zweck dieser Übungen. Probleme tauchen in jeder Sparte der Reiterei auf; und die Ursache für diese Probleme bleibt immer gleich.

»Be strict!« sollte daher in jedem Lager der Reiterei angewendet werden.

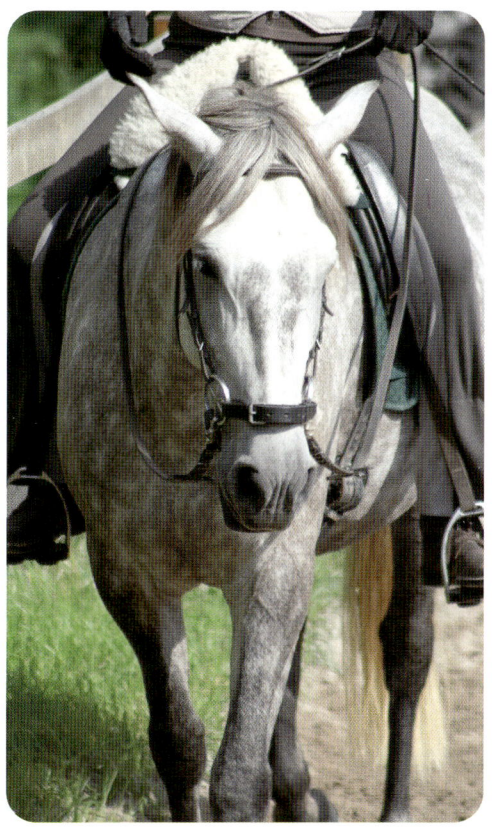

Was ich für Sie in diesem Buch zusammengefasst habe, vermittle ich auch in meinen Kursen, in denen ich häufig mit so genannten Problempferden arbeite. Das positive Feedback der Teilnehmer bestätigt mir immer wieder, dass man mit konsequentem Arbeiten doch weiterkommt.

Mir bleibt nur noch, meine Ideen an Sie weiterzugeben. Der Erfolg, den Sie damit haben werden, liegt ganz allein in Ihrer Hand.

Ich möchte Sie ermutigen, von nun an selbstständig mit Ihrem Pferd zu arbeiten. Beginnen Sie sofort, bleiben Sie konsequent und lassen Sie sich von Rückschlägen nicht entmutigen. Misserfolge gehören bei allem, was man selber macht, dazu. Mit Konsequenz und einem etwas größeren Gespür für das Verhalten Ihres Pferdes wird der Erfolg nicht lange auf sich warten lassen!

Ich wünsche Ihnen die besten Ergebnisse und viel Spaß mit Ihren Pferden!

Ihr
Michael Geitner

Kapitel 7

WEITERE INTERESSANTE BÜCHER ZUM THEMA

Hier werden verschiedene Trainings-
programme aus dem Bereich der
Bodenarbeit zusammengefasst. Im
Zentrum steht das Equi-Classic-Work,
das »Handarbeitsprogramm« nach
Michael Geitner.
216 Seiten, 147 Bilder, 223 Strich-
zeichnungen
Format 170 x 240 mm
ISBN 978-3-275-021191-2
€ 29,90 / € (A) 30,80

Equikinetic ermöglicht es, nach einem
einfach auszuführenden Trainingsplan
zu arbeiten und ist für jeden Reiter ein
effektives Mittel, um sein Pferd in Top-
Form zu bringen.
168 Seiten, 143 Bilder, 19 Strich-
zeichnungen
Format 170 x 240 mm
ISBN 978-3-275-02009-6
€ 24,90 / € (A) 25,60

Michael Geitner beschreibt Schritt für
Schritt, wie sich alltägliche Probleme
von der Koppel bis in den Sattel durch
Konsequenz vermeiden und beheben
lassen.
32 Seiten, 80 Bilder, 30 Karten
ISBN 978-3-275-01966-3
€ 14,95 / € (A) 15,40

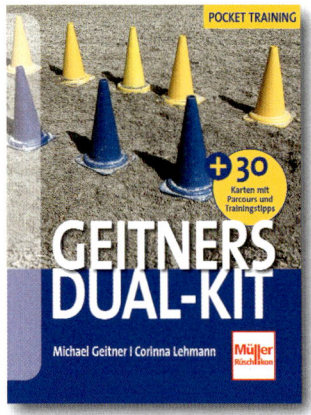

Michael Geitners Dual-Aktivierung
wird hier kombiniert mit den »Dressur-
Bausteinen« von Corinna Lehmann.
Eine einzigartige Kombination.
32 Seiten, 12 Bilder, 30 Karten
ISBN 978-3-275-01846-8
€ 14,95 / € (A) 15,40

Änderungen in Preis
und Lieferfähigkeit vorbehalten

Überall, wo es Bücher gibt, oder unter
WWW.MUELLER-RUESCHLIKON.DE
Service-Hotline: 0711/78 99 21 51